The Resolution for Women

當女人真好

要成為上帝創造的女人樣子

最偉大的神蹟，就是發生在妳內心的轉化。
經營妳受造的目的與魅力！

Priscilla Shirer
普莉希拉 · 施瑞爾 著
程珮然 譯

獻給塑造我生命的堅定女子，
我的母親，露意絲；
我的祖母與外婆，伊芙琳與艾琳；
還有我的阿姨，露絲安、依麗莎白、貝爾妮絲與碧芙莉。

致謝

感謝傑瑞一世 (Jerry Sr., Jackson)、傑瑞二世 (Jerry Jr., Jude)。我一生最根本的決心，就是要以妻子與母親的身分來服事你們。我不住向上帝禱告，當我在世上的旅程結束時，你們能自信滿滿地向人作見證，肯定我是個擁有屬神決心的女子。我真的好愛你們。

感謝珍妮佛 (Jennifer) 與 B&H 出版團隊，我慶幸自己能夠與這個關注且警醒地在商業與事奉間平衡的夥伴合作。感謝你們始終堅定地把持應該遵從的優先次序，我非常珍惜這次的合作機會，且一直滿懷感恩。

感謝史蒂文 (Stephen) 與亞理斯．肯瑞克 (Alex Kendrick)。直到現在，我仍驚嘆著上帝竟允許我與你們在這麼重要的工作上一起努力。傑瑞與我非常感謝你們所寫的版本，我們因你們的正直受到激勵，深感蒙福能結為良友。

勞倫斯 (Lawrence)，我總不禁為你的寫作天賦喝采，而你所擁有的耐心、謙卑與屬靈敏銳度，更是我所仰慕、最努力發展的特質，你啟發我的程度絕對超乎你想像。感謝你與我一同投入寫作計畫，進行這趟值回票價的刺激旅程。

最後，感謝我所有的朋友，你們有些較年輕，有些較年長，有些單身而有些已婚，有些為人母，有些沒有孩子，但你們都不吝與我分享你們對這項計畫的觀點、個人生命經驗與洞見。我感謝你們花時間思考我提出的問題，甚至還讀了些尚待完成的手稿篇章。若沒有你們，無法成就這本書，而你們豐盛的生命，就是這本書中無價的珍寶。

目錄

第二部　這是我所擁有的

第三部 這對我是最重要的

前言

在禱告一年之後，上帝孕育《勇氣之名》(Courageous) 的電影版，以及《男子漢大丈夫》(The Resolution for Men) 和《當女人真好》(The Resolution for Women) 這兩本書的異象。我們開始問道，如果這世代的男女都能下定決心，全力委身活出生命中最重要的事，會是什麼情況？若我們放下過去包袱，釐清信念，並且在餘生對上帝、婚姻、兒女持守忠心，會發生什麼事？我們看過聖經中和近代史上許多偉大的男女，已經立定目標並身體力行活出這份決心，現在輪到我們！

當我們開始撰寫《男子漢大丈夫》時，同時也禱告上帝指引找到撰寫《當女人真好》的人選。感謝主，祂清楚地指引我們找到普莉希拉・施瑞爾 (Priscilla Shirer)，因為她所受到的獨特呼召、對聖經的了解與見證，在在都是幾世代忠心服事的圖象。

普莉希拉帶著熱切禱告投入這項計畫，明白上帝正呼召所有女性進入新的時代。期待女人們將會充分反映出自己受造的目的與潛力，以喜樂與滿足擁抱生命，在她們生活的各個層面，因忠心信實而獲得美名。她們明白這需要紀律與自我犧牲，但若讓上帝話語來滋養她們，讓上帝聖靈來掌管她們，惟願祂旨意成全時，就能成就這美好的一切。

這本書將會激勵妳，也會挑戰妳，但它也會對妳最深的內在說話，提醒妳所擁有的無上價值，以及上帝精心創造妳的奇妙理由，接著它會闡明目前妳生命中最重要的事，促使妳擁抱當下的生命。即使在這當中，妳感到遭受挑釁或被激怒，它都在引導妳獻上自己、下定並持守決心，而這份決心將會在妳追求上帝上好旨意的過程中，帶給妳所有生命的祝福與喜樂。

當妳閱讀本書時，妳會發現自己也同時在分析所作的選擇與抱持的觀點。妳會開始修正自己的世界觀，慢慢重塑自己對生活中各項角色的信念，而這正是我們希望妳做的。我們相信這本書能夠改變妳的人生、婚姻、兒女與友誼。但我憑什麼如此說呢？憑著這本書乃奠基於聖經真理，因為上帝的話語充滿能量、大有功效，且絕不落空。

妳可以放心坦承，有時無法單靠己力成就這份決心，但每個人都渴望相信自己有潛力勝過自身的軟弱，而靠著上帝的引導與參與，這不僅可能，而且還實際可行！上帝已應許，祂既在妳們心裡動了善工，也必成全這工（參閱腓立比書一章6節）。

當普莉希拉在本書中分享她的個人故事時，妳也許會發現，自己在每一章與她一同喜笑、哭泣並點頭贊同。然而，在上帝使用書中道理來塑造妳的品格與靈性成熟時，有時妳同樣也會瑟縮起來，但不要害怕這種情況，這是上帝要妳成為聖潔、恩典女子的過程，在天父的眼中，妳是何等佳美！

因此，在家找個妳最喜歡的閱讀空間與時間，敞開妳的心靈與頭腦，甚至打開妳的日記，懇求聖靈幫助妳，將上帝的原則完全融會貫通到生活中！我們建議妳在閱讀每章之前都先禱告，祈求上帝透過本書的聖經經文與見證對妳說話，接下來，就等著見識上帝在妳身上成就的恩典吧。改變才正要發生，就是現在。願一切榮耀歸與祂！

繫好安全帶！上帝要開工囉！願上帝在妳著手開始時，大大祝福與妳。

史蒂文．肯瑞克
亞理斯．肯瑞克

下定決心的革命

決心〔ㄐㄩㄝˊ ㄒㄧㄣ〕，名詞。

一、針對一項行動或做法、方法、程序等，下決定或堅持的動作。

二、對目標斷然、堅決不移的心態或心理特質。

我得承認，我對「決心」很過敏。這整個詞的意義，讓我有點不安。也許是我天生隨興、無憂的個性，使我想到「決心」就覺得皺眉。因為這個詞的意思就是，即使在我的熱情和興趣消退後，還要逼著自己盡義務般地去持守一連串決定，而且我知道自己的熱情最後一定會慢慢消逝殆盡，或許還得寫下計畫並對此負責。這些明確又具體的原則，著實令我退避三舍。

讓我真正害怕的原因，或許還包含以前曾立定心志、訂下好多類似的目標承諾，最後都無法說到做到。例如下定決心節食與運動、控制花費與訂定財務計畫，還有安排優先要務與平衡生活等等，甚或只是計劃在一天結束前完成所有待辦事項。老實說，當我失敗太多次之後，我就不想再試了。

但每年一次，大約在十二月，數以百萬的人會開始想要為自己訂下新年新希望。對某些人而言，那些嶄新計畫與高尚理想，只是在腦中短暫停留就隨即消失，即使當下決定努力，最後也出於各種原因而放棄。但有些人卻找到力量來約束自己的衝動和惰性，竭力持守，努力不懈地依照特定計畫打造新的一年。

我總是相當敬佩那些無論在新年許願或其他狀況之下，都能說到做到的勤奮之人。他們愈是願意花費時間將自己的投資，轉化為可看見與享受的有形利息，我就愈佩服他們的成就，因為這就是立定心志、堅守決心獲得的成就。所以，即使我一開始對「決心」這名詞產生反感，但我卻非常贊同決心所蘊含的意義。

事實上，我每天都在下定決心。

而妳也是。

現在，無論妳是否發現，妳都在選擇以一種特定方式來待人處事，選擇保持參與某種活動，選擇過著某種生活，成為某一種人，或**不要**成為某種人。無論是哪一種，妳都已經下了決定，這就是一種說出（或未說出）的宣告。而且這也是用妳的選擇寫成、標誌妳生命定位的旗幟，即便妳自己看不出來，其他人卻可以清楚看到。

妳**已經**是下定決心的女人。

這些決心塑造出現在的妳，它們決定了妳最終的生活，決定了妳會創造的明天。既然每個人都會作出決定，我們要對付的問題就不是敢不敢再作更多決定，而是能不能立志持守自己下定的決心。我們必須確保在生命中那面向世界宣布自己真正是誰的旗幟，確實訴說著我們的主張，那也是使我們與周圍的人變得更好的訴求。

這就是本書的主旨。

即使妳有可能會跳過這前幾頁，我還是有責任在妳一開始翻閱這本書時，就對妳說明這點。即便妳在了解之後寧願放棄不讀，我也希望妳明白自己將會錯過什麼。這本書不是為提供消遣娛樂而寫的，事實上，部分內容可能會令人感到不悅，妳很可能會經常發現，書中總是忠言逆耳，甚至有點定罪性質。妳讀到的每一章開頭和內容，都會要求妳作決定：妳要還是不要、做還是不做、能還是不能，**選擇權都在妳手中**。

但我在這本書一開始就向天父禱告，希望妳會選擇與我繼續走下去，因為我深信這本書的內容，是值得妳探討的。

即使妳不是喜歡下定決心的那型。

即使妳正在與不尊重妳面對決心的人交往，而他們也不打算為自己下定決心。即使妳有點不相信這些決心，會讓妳現在的生活有所不同。即使妳沒心情下定決心，也沒堅持決心的紀錄。

這趟決心之旅絕對值得我們一同啟程，踏出改變的一步一腳印。為什麼呢？

第一，這份決心來自於上帝　這些決心不像各式各樣的新年新希望總只有三分鐘熱度，因為它們完全建立在上帝祂所創造的原則上。這些不只是經由妳的意志所下定的決心；它們擁有聖靈的大能作後盾，在旁激勵妳、安慰妳、裝備妳，使妳擁有所需的力量去實踐。最重要的，這是上帝為妳預備的決心。

第二，這項決心將會影響妳所愛的人　如果妳已婚，我講的是妳的丈夫；如果妳為人母，我說的就是妳的孩子；如果妳未婚，我講的就是妳的家人和朋友。即使這些人似乎都沒有積極支持妳，或是肯定妳下定決心的努力，但妳必須了解，自己是在與上帝對話交通，基於祂的話語作下決定，這些對妳生命即將產生的重大影響，也會擴展到妳周圍親友的生命經驗之中。有時**最偉大的神蹟，就是發生在妳內心的轉化**，當上帝的奇妙滲入妳生命的縫隙與構造之中，妳肯定會相當驚訝。更新變化的人對周圍產生的影響力，是相當驚人的。

在妳閱讀的過程中，妳可能會很想要指責怪罪別人：「那我丈夫呢？為什麼他都沒有改變的跡象？為什麼都是我應該要怎麼做，而不是我的家人、孩子、同事或朋友該怎麼做？他們不也是影響方程式的元素嗎？」或許妳在後面的篇幅若讀到這些只針對妳的提醒時，還可能極不以為然。

因此，我必須說清楚，這本書的確是只有針對妳，它刻意不去考慮妳的家人、室友、同事與教會弟兄姐妹的反應（或沒反應）。我不會處理妳丈夫的問題或探討他該如何做，這本書是關於從今天起妳要怎麼做，以及妳會靠著上帝的恩典，立志成為怎樣的人。這是女人的決心，更精確地說，這是一個女人的決心，而**那女人就是妳**。

妳所要了解和關注的是，上帝在完美的計畫與時間點，將這本書帶入妳的生命裡，好用來祝福妳此刻的生命階段。無論妳的配偶或朋友願不願效法妳的榜樣，上帝都呼召妳面對這些生命的課題，要妳作下困難卻必要的決定。妳要捨棄怪罪的心態，運用極大的勇氣和自省的驚人意志，加上在聖靈裡的堅定信心，好有能力持守自己的決心。

因此用幾分鐘的時間，就在此刻，先在內心靜默、喜悅歡呼吧。妳知道自己早已渴望許久，現在就放膽採取行動。拍拍背，與自己擊掌，好好歡慶自己是個勇於面對本書的優秀女性，這本激發所有讀者強烈呼應的書。

妳照做了嗎？很好。

現在讓我們超越自己，繼續前行。

我們還有工作要做，還要下定決心。

我明白生活中很少會有三小時的安靜時間，讓妳在大腿上鋪條毯子、悠哉地坐著看書。這種窩在沙發上的場景，恐怕只有在廣告照片，和白日夢中才會出現，我們通常沒有這種奢侈的時間。因此我才刻意根據特定的節奏寫下這本書，希望能夠與妳現實生活的閱讀時間吻合，這裡讀一點，那裡讀一點；只要有空就可以讀。我希望妳不會讀到一半時，納悶著：「我現在到底讀到哪兒了？」因為這本書裡每個段落都是一個嶄新的經驗、一個起始的意念。它讓妳耳目一新，並且符合當下需要。

我希望妳別急著讀完，而是慢慢地細讀這本書，專心品味每一部分。妳在每一小部分或每章的結尾，都會看見一些提問對話、並發人深省的思考觀念，或是在日常生活中可以實際應用的方法。我鼓勵妳慢慢來，甚至在看完一部分後，花上一整天的時間回想思考，好讓妳能配合自己的生活步調，將所讀到的原則實踐力行。

我要再次提醒妳，請務必要壓抑住「讀完就好」的衝動，而要選擇使用書中每個建議與聖經原則，仔細思索妳目前面臨的景況，並且花時間執行妳要應用在生活中的決定。妳也可以改編這些問題，應用在小組或朋友聚會，讓妳能夠和幫助妳對自己負責的好姐妹，一同思考這些重點。讓決心轉化為革命的歷程，改變妳的人生。

最後，透過本書引導我們一同走過的經歷，帶領我們到達決定的時刻，讓它形成一個嶄新的立志宣言。這是一個承諾、一個行動、一個與生活結合的目標，讓我們更徹底變成符合上帝旨意與渴望的樣式。我會希望妳以禱告的態度來閱讀這本書，還要大聲唸出來，再加上簽名。如果妳能與家人，或是能夠幫助妳（妳也同樣幫助他們）的主內弟兄姐妹，一同實踐成就這些決心，也是很好的方式。妳不需要期許自己變得完美無瑕，只要立志能夠著手開始，啟程邁向屬於妳的決心道路。

妳將會在書中讀到以下的立志決心：

我的立志宣言

我定意要全心擁抱生命的此時此刻，並盡力善用我的時間。我拒絕匆忙度日或規避這段旅程的任何一部分，我要宣告，我定意要以知足的心過生活。

我定意要彰顯上帝所創造設定的女性特質。我必依此教導我的女兒，並鼓勵我的兒子支持這項信念。

我定意要接納並讚賞自己的獨特之處，且尊重與鼓勵他人的優點。

我定意要成為對上帝負責的女人，忠心委身於祂的話語。

我定意要盡力而為，奉獻我的時間、才能，好好扮演主耶和華在我生命現階段託付予我的首要角色。

我定意要快快地聽，慢慢地說。我定意要關懷他人的憂慮，尊重他們更甚於自己。

我定意要饒恕那些曾經得罪我的人，並竭力與他們和好。

我定意要拒絕容忍邪惡對我自身和家庭的影響，即使它們以最正當合理的形式出現。我要渴慕並追求聖潔生活。

我定意要追求公義、慈愛並憐恤他人。

我定意要對丈夫忠誠，用行動和言語尊榮他，好使我能榮耀主的名；並要成為他的合適伴侶，幫助他實現上帝恩賜的潛能。

我定意要教導孩子如何盡心、盡意、盡力愛上帝；並訓練他們敬重權柄，活出負責的生活。

我定意要建造和睦的家庭，使每個人不僅透過愛與服務的行動；也透過我對他們喜樂並感恩的心，經歷上帝的同在。

我定意要審慎思量未來將產生的影響，來作出每個決定。我定意要顧及將會受我影響的人，並依此謹慎思考當下的所有選擇。

……至於我和我家，我們必定事奉耶和華。（約書亞記廿四章15節）

無論妳在這些層面已經做得多好，無論妳正處於生命中的哪個階段，主耶和華始終呼召、挑旺妳不斷成長，因為祂的大能無窮無盡，絕對能使妳的生命更璀璨、更豐盛。妳成長愈多，祂的大能就愈能透過妳的生命湧流而出，滿足妳的心，並改變妳的世界。

這是決心。一份影響妳生命所有層面的決心。

姐妹們，我深信就在這裡，透過這本書，妳的生命將會開始有目標地改變。靠著上帝的大能，有捨必有得。

妳準備好了嗎？

我們出發吧！

普莉希拉

第一部　這就是我

定意要知足常樂

每一口都重要

「朋友，這會是妳很美好的一年。卅六歲是個成熟的年紀。」

卅六。

那時接近十二月底，我快要滿卅六歲，坐在一位早已過了卅六歲的朋友面前，我看著她的棕色雙眼，看見其中閃爍著回憶過往的快樂時光。

我不確定是什麼原因，但她的話句句深入我心。也許是她說話的方式，也許是她看著我的神情，又或者是她嘴角向上揚起的嘻笑。不管是什麼，她談話的一切都吸引著我，讓我的心思意念得以平靜的思考。

我開始從她的角度想起我的年歲。我們偶爾會聊到她二十幾歲的經歷、三十幾歲的意外事件，以及陪伴她邁入不惑之年的穩重。她已經結婚廿五年了，育有三個優秀的孩子，面對了多數人在五十出頭可能會面臨的生命意外轉折與崎嶇。她嚐過失望的滋味，體會過狂喜的興奮，而現在正活出充滿真摯情誼與更深信仰的完整生命。

此時我們坐在名叫「聖誕佳節」的餐廳裡，大快朵頤著桌上的美味熔岩巧克力蛋糕。她滿足地輕嘆，將一縷金色瀏海輕輕甩開，微微側著頭，說我即將邁入的階段，將會是一段美好的生命歷程，而且建議我應該懷著期待，來享受其中的祝福。因為此時我的孩子已較能自立，經歷幾年磨合的婚姻也更臻成熟，身體狀態也仍在朝往正向發展。

她一想到那段美好歲月，臉上滿是微笑。一邊簡單地描述，一邊繼續吃著，用叉子把美味的蛋糕送入嘴裡。

她肯定沒有注意到我的反應。她沒注意到自己的話語已在我心中敲下重重一擊，就好像棒球選手揮棒擊球那般；她將手腕輕輕一轉，就把我的心送到信念的外野。因她話語中所隱藏的建議，以及暗示我進入人生下個階段的方式，正好與我自己的特質恰恰相反。

其實，我是那種橫衝直撞的類型，常常只是埋頭應付生活中一樁接著一樁的事件。我身心的步調經常不一致，也沒品嚐到生命的每一刻、每一年、每個機會與人生旅途的每一步；我反而不斷操之過急地想要著手下一件事，因為下一件事看來總比當下的事物更吸引我。我總是很少真正滿足現狀。

仔細審視內心後突然發覺，我並未真正用心參與自己大部分的人生。在我還是個小女孩時，就迫不及待地衝入青年時期，當我成為大學生還未婚時，我又急急忙忙地想從學校畢業、趕緊嫁人，好讓人生能「真正啟程」。當我與摯愛互許終身後，我很享受婚姻的頭一年，但有時仍會對自己膝下無子而暗自不滿。而當孩子一一出生，我卻覺得日子更為漫長，每天都祈求今天的就寢時間能比前一天更早來臨。我經歷了人生的每個階段，當過學生、人妻、母親，體驗了一個女人的所有身分，卻幾乎沒有什麼記憶留在腦中，也記不得經歷過什麼深刻的動人感受。這是為什麼呢？因為我雖然人在那兒，但心思卻沒有真正**專注**在那裡。

隨著卅五歲接近尾聲，我忽然想到自己也沒有真正專心度過那一年。儘管多數時候我是挺開心的，但卻沒有確切地去品味、珍惜、慶賀、欣賞那些一生只有一次的卅五歲才能體會的內涵。如今這一年都快結束了，下一年即將在我眼前展開，充滿了所有一生只有一次的人物、事件、感情、里程碑與人生體驗，而這些都是我在這年紀與歲月活出真我的唯一機會。唯有在明年，我的丈夫才能成為這般樣式，唯有在這些稍縱即逝的時刻，我的孩子才會這樣說話，會有如此模樣與動作。而如果我選擇匆忙度過這段時間，以避開我不喜愛的部分，同樣地也會錯過這段歲月中我所喜愛的一切。

我發現，由於自己匆忙度日，我已經巧妙地貶低了周遭的人所帶給我的影響，沒有好好欣賞到他們在當下帶給我人生的重要性與意義，也沒有盡到責任，珍惜並善用上帝託付我的恩賜。我沒有接受自己能夠祝福丈夫、兒女與親友的殊榮，反而默默地指望他們能有所改變，還催促他們加快速度，努力成為與我期望更為一致的另一種人，祈求他們能驚人地滿足我的需求，快快邁入下一個境界，使我比目前更開心。

這就是我。總看著下一刻、下個月、下一件事，卻鮮少允許自己擁有特權來充分參與、並欣然接受當下經歷的一切。

當這場有史以來最令人大開眼界的約會進行到尾聲，我吃下最後一口點心時，突然了解這種總是放眼未來、不顧當下的感受有個名字，**叫作不滿**。不滿會出現在妳家門口，就像出現在我家門口一樣，急切地想要登堂入室、喧賓奪主。然而，不滿並非偶爾短暫造訪，它不但拒絕打道回府，還把它的家當到處亂放，占滿妳家空間的每個角落，囂張到妳還以為自己早已將這可憎之徒趕出去了。它到此一遊，流連忘返，還偷走妳的歲月，接著在妳發現之前，妳就已經錯失人生旅途的喜樂，錯失戰勝困境獲得的成長，錯過那些創造回憶的甜美經歷。

我從思考中重新回神，看著我的盤子。盤中的甜點零零碎碎，根本沒有完整的一口可吃，只剩下盤上的巧克力糖漿，還有沾著鮮奶油的海綿蛋糕碎屑。我懷著新的決心，將剩下的細渣吃得乾乾淨淨，不想遺失這美味體驗的任何一部分。嗯，這一切努力都值得了，因為剩下的每一口，就跟開始的每一口同樣美味。

我真高興自己沒錯過盤子裡的任何食物。

我立定決心，絕不再錯失生命中的一切。

勇氣挑戰

• 仔細思想聖經中關於滿足的真理：

然而，敬虔加上知足的心便是大利了。（提摩太前書六章6節）

只要有衣有食，就當知足。（提摩太前書六章8節）

你們存心不可貪愛錢財，要以自己所有的為足；

因為主曾說：「我總不撇下你，也不丟棄你。」（希伯來書十三章5節）

心靈對話

- 妳在匆忙應付什麼呢？
- 妳在汲汲營營爭取什麼呢？
- 當妳試圖急忙衝向更艱鉅的任務時，妳錯失了哪些美好經歷？
- 今天妳能做什麼來「把盤子舔乾淨」—收集在生活周遭的美好點滴，開始享受人生旅程？

祕密

我的孩子最喜歡祕密了。有時孩子的朋友來訪，我們就會玩一個和這主題相關的遊戲。首先，我們排成一路縱隊，站在最前面的人會對旁邊的人輕聲說一個祕密，然後這個祕密就向後一個傳一個，直至傳到最後一個人為止。在過程中，最開始兩人間耳語的祕密，必然會在過程中被誤解、誤傳、加油添醋，最後變成完全相反的意思。基於某些原因，信息絕不會被清楚正確地傳達出去。

從文化角度來看，同樣的事情也發生在我們身上。我們就像站在縱隊中的某個世代，現代所聽聞對於得著滿足的祕訣，與它們幾世紀前首次問世、代代相傳下來的描述大不相同。

今日聽到的快樂哲學，其實長久以來根本是在訓練我們無法快樂。這些理論告訴我們一定要有某樣事物、要擁有更多、具備某些額外的條件，才能真正享受我們本該享受的生活。因此廣告會用各種暗示來轟炸我們，用各種建議來刺激我們的胃口，逗弄我們的味蕾，鼓勵我們汰舊換新，對現有的感到不滿。就像是這些：

如果妳單身，妳應該要有婚姻的保障。

如果妳已婚，妳應該要有單身的自由。

如果妳住公寓，妳現在應該要擁有洋房。

如果妳住在洋房，妳的房子應該要更大。

妳解讀到其中訊息了嗎？

妳應該要向這家廠商買衣服。

妳的穿著應該要跟上那股潮流。

妳家孩子應該要更像那些孩子。

妳的成功標準應該取決於這些標準。

這些信息所造成的影響是無法抵擋的。我們每天吸收這些不明緣由的慾望，不禁就產生了對現況的不滿。當我們陷入這種惡性循環時，後果就是感到不完整與不及格，以及不快樂、沒節制、不滿足。

還有不滿意。

這正是為何作為一個懂得知足的女人是多麼特別。她在這個為祕密加油添醋的世上是多麼耀眼，妳可以從她的平安、恬適、寧靜，伴隨著神祕卻從容的神情看出來，因為她早已得著祕密的真諦。在她身處的任何狀況或一起相處的任何人，都會被她釋放出的清新氣息所感染。

這種選擇滿足現況、相信自己本質的女性，極為罕見與獨特，仿如德州在聖誕節下雪一樣不尋常，而且值得慶賀。她抓住代代相傳的祕密，選擇信靠這般智慧，依此經營生活。她是真女人，因為她懂得**選擇知足，而非不滿**。

就像是那位第一個講出祕密的人。

知足並非使徒保羅獨有的恩賜，他的性格也並非天生如此。這乃是他選擇並實行的技能，再加以反覆練習至精通後，把它應用在混亂的生活中。結果，他在聖經中肯定地說：「……我無論在什麼景況都可以知足，這是我已經學會了。」（腓立比書四章11節）

他已經學會了。他開始了解。他獲得了這技能。

也培養了這項紀律。並操練了這能力。

這都始於一個「祕訣」。（參閱腓立比書四章12節）一個即使外在環境幾乎令他痛苦萬分，他卻依然能夠堅定、保有真我的奧祕。他對失望與匱乏司空見慣，他遭仇敵毒打，被丟擲石塊還被追殺。事實上，在他用書信寫下這些話給腓立比的古馬其頓城信徒時，他正在獄中面臨著死亡的威脅，忍受人所能想像出最苦之困境。他沒有一件事是順遂的。

他並沒有否認。他爽快地承認現況的確很慘，他也沒有打出悲情牌，藉由表現得像個殉道者，想像自己正遭受比別人更多的苦難，而試圖取得慰藉。

他只是掌握一個祕訣，令他內心有無比的平安，無視於自己眼前遭遇的災禍，這也是我們在面對事情慘到不能再慘，或者單單只是不如人意時，所能去觸及、掌握與堅守的祕訣。這是個絕對關鍵，能讓我們內心湧流出源源不絕的喜樂，完全無視外在環境的匱乏。

保羅的祕訣在此：**他定意要活得知足。**

……我無論在什麼景況都可以知足，這是我已經學會了。
我知道怎樣處卑賤，也知道怎樣處豐富；
或飽足，或飢餓；或有餘，或缺乏，隨事隨在，我都得了祕訣。
我靠著那加給我力量的，凡事都能做。

（腓立比書四章11—13節）

起初他用希臘文寫下的第十一節裡，「知足」意指一種內在的滿足，個人可以透過與上帝相交的生命深度來尋見的滿足，完全無視環境究竟如何。當妳挖掘出來並加以應用時，無論當下有多麼黯淡、令人痛苦，這祕訣就能在妳所有人生景況中，為妳帶來全然的滿足與心靈的安穩。

這祕訣不只預備給保羅。

也預備給妳和我。

這祕訣可以讓我們這樣的女人處於全然自由的地位。

當妳認定自己手中現有的已經夠多、夠好了，且上帝也認定這已經充足，那麼妳在生命的這時節裡，就已作好裝備並有能力執行眼前即將到來的任務。保羅是這麼說的：

上帝能將各樣的恩惠多多地加給你們，
使你們凡事常常充足，能多行各樣善事。
（哥林多後書九章8節）

這是環環相扣的。當妳愈相信上帝的恩典湧流於妳，妳就愈深信已經擁有全部所需的。妳愈確信妳永不匱乏，妳在蒙召時就愈甘心樂意全然地付出自己和所有的資源，因為妳確信上帝定會再度豐富供應，使妳完全滿足。

妳可以信賴這個祕訣。妳的上帝是可靠的，祂必能夠在妳命定的道路上非凡地供應一切所需。如果妳沒有這個，那是因為妳不需要；妳也許想要這個，但上帝知道為了成就妳今日生活中最重要的目標，這不是必要的。否則，祂早就給了妳。上帝太愛我們，根本無法「留下一樣好處不給那些行動正直的人」（參閱詩篇八十四篇11節）。

無論上帝給了妳什麼、又沒給什麼，祂都有特定理由，一個也許唯有祂知曉，妳眼所不見但絕對能全心信靠的理由。妳必須作下的每個決定、妳必須完成的每項工作、妳必須經歷的每段關係、妳必須體驗的每個生命片段，上帝都已完美地搭配著同樣豐盛湧流的恩典。如果妳不同意這點，那麼妳要不就是無法欣賞自己所擁有的，要不就是妳正在做現階段不該做的事。

那些匱乏不足的人很容易被分辨出來。他們吝於付出時間，自私地囤積資源，吝嗇付出精力，不願為他人的生活貢獻自己，他們害怕自己擁有的不夠，付出後就沒有了，時間、精力、才智、金錢、技術和耐

享受平安恬靜的生活祕訣，就是「知足」。

心都不夠。他們就像我的兩歲孩子，不願與朋友分享，害怕一旦分享就沒有了。

但無論何時，只要我們一吝嗇，保羅所說的「各樣善事」，那些生命中真正重要的任務、與他人的關係，以及上帝應允給我們的祝福，就被遺落而無法成就了。若我們一開始就自覺不夠有錢、形象不佳、資源不足，便無法全心參與其中，更遑論到達卓越的境界。若「善工」之中少了我們的一份心力，我們也正錯失了這「善工」能觸動我們的機會，那些影響、回憶、學習與經歷，剛好正是上帝要交織在我們生命故事裡的關鍵部分。

上帝給的已經足夠。一向都是如此。

當妳我選擇認清這道理，並信靠上帝持續不斷的供應，就能以前所未有的方式享受生活，更能活出最豐盛的生命。

妳已經知道祕訣是什麼。

現在妳可以讓更多人知道。

勇氣挑戰

• 知足的女人明白自己的需要，並知曉上帝已經充分供應所需要的一切。若定意踏上妳的知足之旅，請先列出一張表，一欄寫上「我的需要」，另一欄寫上「上帝的供應」，然後配對標出上帝以什麼方式滿足妳的需要。把這張表放在顯眼的地方，在妳快要開始覺得不滿足時再多看幾次。

心靈對話

• 上帝藉著攔阻妳想要卻遲遲未得的東西，要試著為妳培養什麼品格？祂要在妳與祂的關係中鞏固什麼？

祝福滿滿

你們要給人，就必有給你們的，
並且用十足的升斗，連搖帶按，上尖下流地倒在你們懷裡；
因為你們用什麼量器量給人，也必用什麼量器量給你們。
（路加福音六章38節）

我的食譜上寫著「精確測量分量」，而且還特別強調「精確」。這份食譜是朋友給我的，她不僅教我如何製作這種我吃過最美味的麵包，還給了我一罐「老麵」存放在冰箱。現在我有機會來試試看，自己是否也能達到她的烘培水準，做出讓家人讚嘆的麵包，就是像她製作的那種麵包一樣。

我每週會從冰箱拿出那罐用來製作這類麵包的發泡液狀混合物，接著打開那張寫著食譜的皺巴巴紙張，小心翼翼地遵照上面的指示製作。她告訴我，這可是非常重要。

喔，這超級重要。

妳知道嗎？這麵包可是有脾氣的，而且態度還不太好。妳永遠也無法肯定原因是什麼，但即使是準備過程中的一小顆氣泡，就可能無法讓麵糰順利發起，或無法烤出完美的金黃色；妳必須非常謹慎。

自己做了幾次麵包之後，我的孩子們開始和我一起做，他們會站在靠著流理臺的凳子上，等不及要在揉捏麵糰過程中把手弄得髒兮兮。但在揉捏之前，他們必須先在容器中加入麵粉，精確而言，要加上六杯麵粉，這也必須用量匙精準測量。現在我可以把這個步驟交給我六歲兒子來做，因為他已經親眼目睹過，一坨麵糰若加了太多或太少麵粉，可能發生的種種慘狀。他還將之比擬為一種科學理論，就是路加福音六章38節中所說的：十足的升斗，連搖帶按。

他將量匙放入密封的麵粉桶，舀起「十足的升斗」，一點兒也不吝嗇，麵粉還從他的量匙邊緣灑出來。不過，他知道自己只能在碗裡加入剛剛好的麵粉量，因此他用小手緊握把手，溫柔地「搖晃」杯子。我已經對他解釋過，這個搖晃的動作會減少底部的氣渦，透過適度地搖晃，就可以確保量杯的每吋空間都充滿麵粉。

最後，他用另一隻手在麵粉堆的頂端輕拍幾下，確實「按下」麵粉。接著他會發現，杯子可以裝得下更多麵粉，所以他繼續添加、把麵粉弄平，直到他決定杯子已經夠滿了，才將杯裡的麵粉倒入攪拌碗裡。

這些動作總共重複六次，舀起麵粉、搖晃、輕按，再繼續舀起麵粉、搖晃、輕按。但依照聖經的指示，還少了一個步驟，那就是要每天選擇以知足代替不滿，因為：「十足的升斗，連搖帶按，上尖下流地。」

上帝並不會精確測量到底給了我們多少獎賞，祂的恩賜湧流不止，祂從不吝於賜下美善和豐富的供應。當妳選擇付出，祂的應許絕對夠妳用；超乎妳所想的，遠甚於妳起初付出的分量加倍地回報妳。不僅是十足的升斗，不僅是連搖帶按地回報妳，更是遠遠多過妳應得的，因為祝福已經滿溢出來，而領受的人根本用不完。

現在，我絕不是建議妳應該不斷且毫無疑問地，犧牲生命中最重要的情感與目標而急著付出所有，因為有時妳能練習說出最好、最有力量的話語就是「不」。但如果妳確實真心感受到上帝正帶領妳付出，就毋須擔憂個人資源會因著擺上而逐漸減少，祂若已經贊同妳的參與，妳就能帶著全然的滿足、甘心樂意，明白祂總會賜下遠比妳付出更多的回報。知足的女子，在必須付出她的時間、愛心、資源和自己時，能夠安然明白她所擁有的，絕對足夠成就上帝託付她的事工。她期待去經歷應許，得著自己投資所獲得的不可思議之回報。

我能想像得到妳在想什麼，因為我也曾想過這些問題：

- 我的力氣實在不夠。
- 我的「愛心油箱」已經快要見底，連我自己都快拋錨了。
- 今天才星期二，但我整週的耐心已經快用完了。
- 我的錢包比記憶中還扁，而且我目前正缺錢用。

然而，當妳以為自己已經完全沒資源可付出，或當妳的情況使妳覺得自己有充分的理由拒絕付出時，通常會聽見上帝對妳耳語：「你們要給人，就必有給你們的。」

妳要知道，當上帝舀起祂要給妳的祝福紅利時，祂可從不會苛刻短少，祂也不會抹掉多過量匙的部分，或執著於「精確」的分量。祂會給妳超過應給的豐盛美善，祂會連搖帶按、再連搖帶按地，確保沒有氣渦會佔據祝福的空間，祂將恩典堆成一堆，從旁邊滿出來，儘管妳的雙手與心靈嘗試抓住從容器裡流出的每一分，但它們太多，也來得太快了，讓妳接都接不住。

我們每天都要選擇以知足代替不滿。

儘管已經沒有其他容器可裝，祝福仍會不斷地傾洩在妳身上，所幸妳還有大腿，收集不下的豐盛會全落在上面。

這就是定意知足的女子所獲得的報償。

「你們要給人，就必有給你們的，並且用十足的升斗，連搖帶按，上尖下流地倒在你們懷裡。」

看來要得到更多滿足的最佳方法，就是在適當時機、以適當方法，付出妳認為自己僅有的。沒錯，獲得出人意外的滿足之最佳方法，就是以看來毫不合理的方式釋出妳所擁有的，藉此來回應上帝敦促妳的服事，即便自己身處匱乏之中，希望看來多麼渺茫，亦是如此。

一起來下定決心，定意要知足的決心，然後帶著神聖的期盼仰望天國，將長裙裙擺攏起來，準備好用妳創造出來的袋狀空間，接取滿滿的祝福。活在當下，獻上自己，讓妳對他人的祝福，從每天寶貴的日子中傾流而出，並預備好接受上帝豐沛的祝福。

勇氣挑戰

• 記錄妳對於這段陳述的想法：有時妳能學會說出最好、最有力的話語就是「不」。

心靈對話

• 當自問付出意願時，妳的心中會顯明內心更大的滿足，還是不滿？這些滿足或不滿是以何種方式出現？

• 基於妳在上一個篇幅所製作的「上帝的供應」列表中，哪一樣是妳能闔上書本、為他人貢獻的資源？

平衡點

但願妳的雙眼明亮，能看見上帝在妳所貶低的生活中，已經滿足妳多少需求。我完全明白，妳尚未滿足的慾望清單似乎仍是長長一串，因此要妳在生活中滿足於上帝所賜的一切呼召，感覺起來幾乎就是承認自己有多失敗，像是要妳安於現狀，並認命地過著平庸的生活。也許選擇知足讓妳覺得就是壓抑慾望、不再提未來志向，也不再懷抱更多盼望。

但事實恰恰相反；**知足才是享受當下與期盼未來的平衡點**。知足的功效在於防止慾望失控，當妳內心湧現無限慾望，逐漸被匱乏所奴役，最終控制妳的生活之時，它就是一把釋放自我的鑰匙。它是充滿信心的信念，使妳相信上帝所賜的一切都值得妳感恩與欣賞，不僅僅因為它們充足，更因為它們美善。

當妳選擇知足，妳並不是在擺脫慾望；妳只是要求它們在妳的生活中，安於適切與謙恭的地位，不再像個獨裁暴君一樣地使喚妳，迫使妳臣服於它不斷膨脹的壓力與總是在改變的要求。這表示妳不再放任自己的渴望與抱負控制妳，而善用並感恩妳目前所得到的一切，也不再把上帝尚未賜下適合我的事物當作藉口，讓自己無法享受目前所擁有的。

下定決心知足，會給妳機會帶著平安、從容與適切的期待去盼望明天，而不是因著未來感到挫折與匆忙。這是妳領受上帝擴張境界、令人興奮的旨意，懷抱理想目標活出標竿人生的門票，更毋須犧牲現有的祝福來換取。當妳感到前所未有的滿足時，妳就是在領受兩個世界的上好福分，妳容許自己充分享受現有的一切，享受真我、享受當下生活，還能持續懷抱著保持成長、拓展未來的夢想。

就像生意人一樣，他們能夠享受今日的成就，同時也對明日的收穫抱持高度期待；像家庭主婦處理生活中一團混亂的大小瑣事而獲得成就感，但也平靜耐心地期待未來所有事都能按部就班進行而不需要匆忙完成。單身女子能享受獨立的生活，不是假裝喜歡獨立，卻也興奮期待與未來伴侶共度的生活，她不必放棄對婚姻的盼望，也不必陷入自憐與空虛的沮喪黯淡裡。

神聖的均衡就是，真心感恩自己享有的生活，卻始終適切期望著明日可能發生的一切。

這是種平衡，一種神聖的均衡，真心感恩自己享有的生活，卻始終適切期望著明日可能發生的一切。這就是知足讓妳保有安穩生活的原則。妳不會受失控的不滿所操弄，不會讓不安催促妳匆忙作出決定、進入一段感情，或是抓著自以為應該是完美的機會。知足會使妳心智清醒；平安、沉穩、寧靜。妳會樂意處於現在的光景，而隨上帝決定時機成熟時，在別處也能倍感喜樂。

這是立志要知足的決心。

這也是改變妳生命的決心。

勇氣挑戰

- 重新回顧這個章節所提過的問題以及妳的答案，仔細再研讀妳現在定意要下定的決心。請妳靜坐一下，休息一會兒，為此禱告。即使妳因為生活中的挑戰與各式要求感到精疲力竭，但此時此刻，妳要深呼吸，享受上帝的邀請，享受祂要妳付出的，享受祂因為要妳付出而應許賜下的豐盛供應。當妳準備好時，大聲讀出妳的決心，妳甚至可以在能夠幫助妳的可靠朋友面前大聲唸出來，並且在下面簽名。

驚人地心滿意足

我定意要全心擁抱生命的此時此刻，並盡力善用我的時間。
我拒絕匆忙度日或規避這段旅程的任何一部分，
我要宣告，我定意要以知足的心過生活。

實證者簽名

定意要作個合乎聖經原則的女人

我在報紙上看來美嗎？

我和丈夫傑瑞在家附近的潘納瑞麵包(Panera Bread)餐廳裡，和一名紐約時報雜誌的記者會面。不可思議又令人感恩的是，我們感到非常自在。

我們在幾個月前就已經安排這次會面，而且從那時起我就一直擔心著。因為這可不是隨便一個地方媒體或少數人收看的有線新聞頻道，這可是紐約時報，是歷經一百六十年歲月的「灰色女郎」(按：紐約時報由於報導正經嚴肅，而有此別稱)。他們想製作一個關於女性在家庭與教會的角色專題，並且決定將這篇文章刊登在星期日長篇報導的版面，還要以傑瑞與我作為主角。

這是真的嗎？

我們不太確定到底要如何看待這件事，或是為何他們想採訪我們這對夫婦。這怎麼看來都有點像個陷阱，或許他們要寫篇諷刺性的文章，意圖把我們預設成觀念過時的守舊老骨頭，批評我們無視女人在現代社會的進步。我很難想像這家世俗的新聞媒體，不會將我們的信仰、行為以及我們本身，描述成怪異封建之流。

其實我在接受訪問的幾星期前，就一直坐立不安，還作好心理準備，極有可能不管我說什麼，都會被媒體扭曲、誤解、斷章取義。甚至到了訪問時，我已防備好要面對一個殘暴的無冕王，我想像他會充滿敵意、咆哮不止，迫不及待要抨擊我對廿一世紀女性的論點，同時也等著攻擊我的婚姻。

因此在當下見到第一面時，我非常震驚。眼前這位討人喜愛、黑髮、嬌小、面帶笑容的女子，一看到我並非與我握手，而是擁抱了我，直接以自在的閒聊和玩笑開啟了我們的談話。這位記者一點都不令人害怕，她是個新婚不久的優秀記者與作家，她向我坦承，這篇報導不單是為了她的報導工作，也是為了她個人生活中正要適應的新角色。她的每一個問題，從基督神學、教會女性歷史，到我們夫妻關係中的親密差異，以及我對屬靈女性氣質在後女權主義文化裡有什麼意義的看法，都深深打動了我。當我發現她如此平易近人而健談時，我便放鬆安心地與她對話。

將近六個月之後，這篇文章見了報，標題是「上帝的家庭主婦」，篇幅長達八頁，不僅深入探討一般女性的角色，還寫到我們的婚姻與特定事工，以及我們如何遵循聖經的教導，在丈夫的領袖角色與妻子擔任順服夥伴的關係中，獲得家庭的幸福美滿。

如同所有的優秀記者一般，她非常稱職地在文章中提出主題的正反面向。人們讀了這篇報導後，留下許多回應，有些讀者欣賞我們的坦率，有些則擔憂並害怕若選擇這種傳統思想來過生活，會貶低自我的力量與天賦，並且被鎖在唯有女性主義原則才能解開的婚姻與神學牢籠中。

接著，爭議接踵而至，許多部落格與臉書上都爆發筆戰，儘管網路論壇屬於新科技的產物，但不同觀念之間發生衝突可不是新鮮事。這場戰役已經在女性的心中延燒了好幾世紀，這些女性當然也包括了女性基督徒。即使我們讚揚過去勇敢的女性同胞，為我們所爭取贏得的權利與認同，但我們也想取得平衡，發自內心渴望保護上帝話語中所尊榮的女性氣質。這不是退縮，而是一種委身，盡心榮耀創造我們女性特質的獨一真神，因為祂最了解我們，事實也一再證明，唯有順服祂安排的計畫，才能找到最終的滿足。

如果妳仔細並客觀地檢視，就會發現到極欲重新定義並重建女性特質的同胞們，她們多年來擁護的原則與理想，已經靜靜地、微妙地朝向極端的方向發展。再次聲明，我同意有些呼喊與訴求的確改正了司法不公，改正了那些始終罔顧聖經教導與上帝心意、貶低女性價值的不義，但這之中有許多倡議，已經剝奪了女性受造來展現與經歷的獨特性。這種獨立自主與自我中心的傾向，已經膨脹到一定程度，它變成了我們態度與文化的一部分，以至於我們通常沒有意識到，它在我們作選擇時所產生的有害作用，直到我們嘗盡生活陷入混亂的苦果。

女性基督徒，也就是自豪地配戴天父賜予女人徽章的女子，必須下定決心抵擋潮流。她必須**發自對獨一真神的信心來堅守信仰**，因為那位真神寫下了話語，教導她永恆的真理。她必須回歸上帝對女人的設計與定義，然後喜樂地擁抱、接受並經歷這份祝福。

上帝的道是良善的。它們全都是良善的。

而妳，上帝眼中的女子，受造成為堅強而柔弱、大有能力卻保持溫柔又願意順服。妳聰明、有智慧、富才幹，與男性同樣有價值，在與人互動時對自己保有自信與安全感，卻也滿足於上帝賜予妳的角色。妳充滿矛盾的特質，又是個充滿生命力的綜合體，因妳對精力的控制得宜使人訝異，以奇妙的恩典啟發敦促人，妳的生活方式使人重新審視自己、再次調整自己的前提，吸引他們歸向那位使女人如此豐富、亦深奧動人的上帝。

因此，妳要下定決心彰顯女性氣質。

我們可能永遠沒有機會出現在紐約時報的舞台上，但每天早上當我們把腿伸下床時，我們都在一個平臺上，一個託付給我們的位置上。在日常生活的講壇上，妳和我都一直站在鎂光燈下，在那裡，我們定意活出的生活，若不是榮耀聖經中的女性之美，就是使之降格。我們會讓女兒渴望這份美麗，或是抗拒這份美麗；我們也會鼓勵兒子欣賞這份美麗，或不當地利用這份美麗。

是的，這個平臺已經交由我們來表現，朋友、家人、所愛的人、孩子、同事與熟人，都成了觀眾定睛看著，他們不僅要看著我們如何生活，也等著確認我們的生活態度。

妳要成為哪一種女人？

答案就在**妳的決心**之中。

勇氣挑戰

‧就妳所見，女性主義影響了女人的……穿著？行為？決定？

‧妳看見年輕女性在哪些方面，最明顯地背離聖經描述的女性特質？

心靈對話

‧有哪些有關於女性特質的聖經原則，讓妳覺得受到壓抑？妳認為自己為何會有這種感覺？

‧當妳繼續讀下去，以禱告對主耶和華講出妳對此議題的擔憂。求祂使用這段時間回應妳的擔憂，並再次提醒自己，祂在這個議題中所安排的優先順序。

當女人真好

最近有個新聞節目報導，未知論者對於上帝的認識，其實跟基督徒是一樣的。雖然我們無法確切知道這些研究與數據到底從何而來，但研究人員顯然曾站在某個教會外面，詢問會眾新約前四卷書的名稱，而且多數人答不出來。

很令人震驚，對嗎？

或者一點也不令人訝異？

我們出席和參與教會活動也許還算穩定，但可能對上帝本身和聖經話語的了解，卻令人難過的稀少。最顯著的方面之一，就是女人缺乏對聖經中女性氣質定義的了解。在女性主義氾濫的文化中，能夠擁護信仰並活出基督樣式的唯一可能，取決於**是否意識到這份信仰的內涵**，以及**是否感知到上帝創造我們的目的**。

其中，男女之間的不平等就是女性運動的根本立論之一，這也是現代文化主要憂慮的現象之一。聖經中有篇章論及於此：妳乃是依照上帝的形像受造。「上帝就照著自己的形像造人，乃是照著祂的形像造男造女。」（創世記一章27節）身為女人，妳的價值不會多於或少於男性，妳與男性不同，但只是功能上不同，而非在價值上不同（本書下一章詳述）。

在數千年的人類歷史中，上帝所賜予的真理逐漸被扭曲成錯誤的概念與標籤，而社會結構則連本帶利地衍伸出虐待與征服的極端實例。重男輕女的錯誤觀念，已經使得許多女性飽受剝削，說實話，我很訝異女人竟然能夠忍受這麼久的時間，才團結起來對抗這種貶損人格的偏見。

姐妹們啊，妳不僅在上帝的創造中生而平等，上帝更稱妳為「好」，事實上，上帝還說妳「甚好」（參閱創世記一章31節）。

不僅好，還不可或缺。

單單亞當，無法成就造物主指派給人類的任務。男人需要伴侶，一個能夠幫助他實現命定的人，若沒有女人，這些努力就會流於徒然。

從創世以來，上帝就在女人身上放置表彰重要的印記。她們是「**好的**」，她們擁有上帝的形像，而且是「**不可或缺的**」，為要**成就上帝在世上的旨意**。環顧四周，看看主耶和華植入妳內部的影響力吧，妳周圍的人與環境都需要妳。這世界若要成就上帝的旨意，就不可缺少妳所帶來的觸動、經驗、智慧與女人的細膩心思。妳的受造並非後來才追加上的，也非最後一秒的緊急補強，更非可有可無，這世界若沒有妳的參與及投入，將會有許多缺憾。這就是上帝的心意。

然而隨著人類因為犯罪而墮落敗壞，女人很快被貶低到次等地位。在整個舊約歷史中，我們看見女人並未像創造主所定意地那般受到愛護、尊榮與珍視。

接著，耶穌基督這位新約時代的彌賽亞降臨世上，上帝又在基督的生命中重申女性的重要，竭力對抗貶低女性重要性與價值的文化。祂道成肉身，親身顯明上帝的真實心意。

約翰福音四章7節，就是耶穌展現祂對女性的關心，以及尊重女性與生俱來的價值之重大情景：

有一個撒瑪利亞的婦人來打水。耶穌對她說：「請妳給我水喝。」

這女人來到附近的井邊，而耶穌恰好坐在那兒面臨到重大難題。首先，傳統猶太社會不允許撒瑪利亞人與猶太人互相交好。此外，從更深入的文化背景來看，世紀初的男人並不能在公開場合與女人交談，即使是自己的妻子也不行。因此，聖經記載耶穌對這婦人說話，不僅在文化層面有所不妥，更會引來旁觀者的諸多非議，這不僅有違禮節，更令當時的社會感到震驚、可恥。

但這就是耶穌所說的，祂永不妥協，祂要挺身對抗、改變社會框架，為自己與後代建立新秩序的革命家。因此祂與這女人交談，不僅和她閒聊，還詢問她對神學議題的看法。當時的男人絕不會認為女人有能力討論此話題，儘管當時的猶太祭司與文化幾乎站在同一陣線地鄙視女性，但耶穌將她視為人，一個聰明而重要的人，一個同其他人一樣配得彌賽亞「活水」（參閱約翰福音四章10節）的人。在耶穌的憐憫與愛中，祂更進一步給了她一份多數人認為她不配得的禮物：祂的恩典、祂的遮蓋，還有祂自己，為了要潔淨她、保守她，並扶持她。

毫無疑問地，耶穌在這段溝通交流中，認定女人不僅重要、極有價值，而且完全值得託付重任。因為祂不但賜給她救恩，還差派她與人分享祂的信息，當她在井邊與耶穌相遇後，馬上回家告訴每個人發生在她身上的事，敦促他們親自來看看。而結果呢？「那城裡有好些撒瑪利亞人信了耶穌，因為那婦人作見證。」（參閱約翰福音四章39節）

從上帝話語讀到這段真人真事，應使我們渴望在

這世界若沒有妳的參與及投入，將會有許多缺憾。這就是上帝的心意。

是非不分的文化中，贊同聖經觀點中的女性角色。因為上帝說我們：

甚好。不可或缺。至關重要。

價值貴重。值得信賴。

女人絕不是生來被受詛，必須忍受一切不平，而是應受珍視與尊重的恩賜。這是上帝為我們揀選的道路，好叫我們與創造主、我們的天父互相連結，並與我們的弟兄同工，彰顯出基督與教會之間彼此愛護的故事（參閱以弗所書五章22—31節）。這是在殘酷、論斷與敗壞的世界中，經歷上帝與祂大愛的特殊方式，也是贈與後代和這個世界的禮物。

看哪，**身為女人真是個殊榮**。

勇氣挑戰

- 寫下一個妳目前在生活中擔任的角色，並記錄妳在每個角色中是多麼：

○擅長　○不可或缺　○重要

○配得成為其中一部分　○值得信賴地勝任這角色

心靈對話

- 仔細想想，在哪些情況、與哪些人相處時，合乎聖經的女性價值最容易受到挑戰與質疑？
- 妳如何養育妳的女兒，使她們有理想、有學識並富有自信心，但同時又幫助她們正確評價，順服所帶來的回報與祝福？妳如何教養妳的兒子以同等的尊重看待女性？與朋友一起討論一些創意方法吧。

角色顛倒

實話實說吧，我對美式足球所知不多，我的確很喜歡聽到啦啦隊的歡呼聲，還有星期日下午職業美式足球聯盟（NFL）賽事的背景喧嘩聲，伴著晚餐的香味陣陣飄來，就是我成長過程的美好回憶之一。但我必須承認……我從沒坐下來看完整場比賽。

我只有對一件事非常肯定。那些球員個頭都很高大，全身充滿大塊肌肉，速度飛快，他們在一場比賽中所展現的力量與移動距離，比多數人一輩子的運動量還多。儘管這些人如此令人敬佩，當他們著裝完備、準備上陣比賽時，並不是最有權力的人。我最興奮的就是看到站在球場另一邊的人，他們多半個子小很多，年歲較長而且還開始禿頭，身著黑白條紋上衣。他們會站在這些巨人球員中間，揮舞著黃色旗幟並吹著哨子。多數情況下這些裁判個頭都差了球員一大截，然而他們每下一個指揮、命令或裁決，比賽就要暫停。而每個比裁判重約一百磅的魁梧球員，都要停下動作來聽從裁判指示。

他們選擇順服。想想，如果他們不順服，這場比賽會多麼糟糕混亂。

當我們下定決心支持符合聖經定義的女性樣式時，必須承認，上帝的創造不僅包含女性與生俱來的尊嚴，還包含祂立下的次序。上帝並未將人類關係設計成權力割喉戰，而是一種自發性地自我控制，以及對明確角色定位的接納。因此，我們明白要如何駕馭與捍衛我們的堅強意志，以發揮最大的影響力。

令人訝異的是，這不僅是已婚婦女的議題，還是普世的通則。雖然妳鮮少看到有人詢問一個未婚女子她順服誰，或問已婚男人他應該對什麼權柄負責，但所有人都應該面對這個艱深的問題，因為聖經教導我們，每個人唯有透過順服，才能尋見最終的自由。

每個人唯有透過順服，才能尋見最終的自由。

- 身為員工，無論男女，必須順服他或她的雇主。（參閱歌羅西書三章22節）
- 身為公民，無論男女，必須順服政府權柄。

（參閱彼得前書二章13節）

- 身為信徒，無論男女，必須順服屬靈權柄。（參閱彼得前書五章5節）
- 身為兒女，無論男女，必須順服父母。（參閱以弗所書六章1節）
- 還有，妻子必須順服丈夫的帶領。（參閱以弗所書五章22—23節）

當我們謹守上帝設定的角色，順服祂命定的權柄，我們就是將自己放在主耶和華的保護遮蓋中，只有經歷祂的真理，才能獲得祂賜下的自由。若是踰越這些角色，就是在自找麻煩！

親愛的姐妹們，我絕對相信妳在自己的權責中是很有能力的，甚至比妳蒙召要去順服的那位還要能幹稱職。妳天賦洋溢、重要到不可或缺，妳乃依照上帝的形像受造。然而，源於自身本質與個性的一切力量，唯有在妳降服於上帝命定的權柄時，才能完全發揮。就像職業運動員在體能上能輕易力克裁判，員工其實比老闆還更有條理，妻子的情感表達比丈夫更為流暢，但每個人都仍應該尊重既定領袖的地位，不論他們是多麼不適任。

如果妳拒絕持守自己的本分，固執地堅持佔據不屬於妳的主控者位置，定會產生不滿的情緒。事實上，我相信女人在生活中經歷的多數挫折，就像曾經發生在我自己身上的事情一樣，都與我們拒絕順服上帝對女性角色的設定，有直接關聯。

無論我們了不了解、同不同意甚或渴望與否，次序非常重要。**當我們不願謹守自己的本分與界線，就無法真正地享受任何事物。**

事實就是如此。

無論妳是否相信，這是件好事。

女權運動的第一波浪潮，始於十九世紀與二十世紀初，第二波重要浪潮則始於一九六〇年代，大致上運動的核心就是在倡議爭取權利。雖然有些權利確實值得捍衛，但有些運動卻像發動聖戰一樣，主張女人不僅要取得與男性完全相同的地位，還要高過男性，某些情況下，甚至高過上帝。但在這些爭取社會地位的各式運動中，每項運動都無法幫助我們認清女人最有力的權利：甘心樂意並持有尊嚴地，順服正當權柄的權利。

女人以及世上所有人的真正力量，都不是彰顯在上帝給予的領袖權柄上，就這點而言，甚至是世界上最有權力的男人，也極力證實這個原則的重要性：

祂本有上帝的形像，不以自己與上帝同等為強奪的；
反倒虛己，取了奴僕的形像，成為人的樣式；
既有人的樣子，就自己卑微，存心順服，以至於死，且死在十字架上。
（腓立比書二章6—8節）

若如此偉大的獨一真神，能為了實現更崇高的目標而展現謙卑，那我們為了完成上帝對人類的計畫、為了信靠祂的智慧與洞見、為了將至高榮耀歸與祂，無論事情是否合我們心意，我們還有什麼藉口不選擇順服呢？

但角色顛倒的問題一直存在我們的文化中，它的效應巨大到難以想像。女人奪取男人的權柄，男人被動地輕忽他們的領袖角色，造成的結果就是破碎的關係、不穩定的家庭環境、不健康的互動與偏軌的家族遺傳。婚姻滿是坑洞，客廳成了戰場，鋼鐵意志衝擊著人性品格，雙雙激出驚人火光，把視線內的人全都融滅了。

然而，即便我們頑梗藐視上帝所建立的架構，又製造混亂，祂也絕不會改變初衷。唯有順服祂對女性角色的設計，我們才能真正得到在其他方面拼命嘗試、卻始終得不到的自由。

我向妳保證，順服上帝不等於揮白旗投降，屈就於貶低妳才華與天賦的次等生活。相反地，這提供一個架構，使妳能真正發揮潛能。就像熱火在壁爐中才最能發揮效能，當妳選擇上帝可靠、有效的次序安排時，妳的力量才能進行最充分的發揮。

這就是順服的真諦。

順服。

對，就是這個詞，它足以使最剛強的人起雞皮疙瘩。妳愈剛強、野心愈大、愈是獨立能幹，妳就愈可能因這個想法而顫慄。

順服。簡單而言，就是**定意去順從生活中命定為權柄的人和誡命**。

沒錯，有些人會濫用這個詞，還誤用這個概念，容許丈夫囂張跋扈地把妻子當成腳墊踩。我們的直覺反應與假設，都因為不斷受到後女權主義者思想的影響，會假設若妻子安順於丈夫的權柄之下，就等同於把她貶低至次等地位。

但如果這是上帝的旨意，祂又為何要賦予妳如此重要的價值（我們在上一章已經討論過），卻又把妳貶低成附屬品？耶穌這位即便在非信徒眼中都是極受尊崇，又大有能力的人物，又為何選擇過著完全順服的生命，還說：「我常做祂（天父）所喜悅的事」（參閱約翰福音八章29節）？

顯然地，這經過神聖安排的角色、界線與責任，都是為了將美好的祝福，傳遞到各個角落。就像員工、公民、信徒與兒女，藉由甘心樂意又感恩地在合宜的權柄下，善盡自己命定的責任，而獲得最大益處並發揮最佳表現。當女人透過信靠上帝的順服來發揮影響力時，就能經歷最豐盛的生命。

沒錯，我知道並非所有領袖都能善盡職責。如果妳已婚，妳的丈夫也許沒有善盡夫職，反而使妳與家人受到某程度的拖累。但妳的丈夫，就像上帝創造次序中的任何領袖一樣，也要就自己是否智慧地、謹慎地、全心全意，並遵照聖經真理面對自己的角色，來對上帝負責任。

而姐妹，妳也一樣。妳必須就妳順服的本分負責，抵擋任何悖逆的衝動來順服上帝，倚靠祂信實的愛與良善。但這當然不是指妳必須順服任何引導妳犯罪或虐待妳的人，而且如果妳在婚姻中，妳的良知與人身安全都已經受到威脅，那麼順服的義務並未呼召妳毫無質疑地忍受一切。妳懂我的意思嗎？千萬別誤解了。但請妳捫心自問：妳有多常因為意見與偏好相左而抗拒對方的帶領？或者，妳有多常因為不想承受他人的期待而拒絕其請求？

因此，請妳以女人的身分，好好思考一下自己的感受。妳是否一想到要臣服於對方的權柄，就覺得受到冒犯？如果妳已婚，這是否是妳經常反抗的部分？如果妳單身，當有朝一日妳成為妻子時，是否能決心認真追求聖經對婚姻的旨意？甚或在此刻，妳也正與自己十分敬重、靈命成熟，能夠給妳堅強、有益人生忠告與方向的人，檢視自我的責任、尋求屬靈的遮蓋？

自由與平安之地正等候著每個與上帝旨意契合的女人。要沈浸在這時代的謊言中，抑或要向這世代宣告，順服聖經中女子的真美與價值，全都操之於己。

這就是我們的決心。

勇氣挑戰

- 在妳準備下定第二個決心時，再次閱讀這段話：「若要彰顯女人最佳的力量，並非在表現權力上，而是在如何駕馭自己的能力，以順服上帝命定的權柄之中。」仔細思考這段話，並決定若反映在妳的生活上會是如何。以信心作下這個決定，明白妳正選擇遵行祂全備智慧的計畫。帶著自由進入這計畫，並簽名表示妳的承諾。

彰顯女性氣質

我定意要彰顯上帝所創造設定的女性特質。
我必依此教導我的女兒，並鼓勵我的兒子支持這項信念。

實證者簽名 ____________

一定要看重自己並讚賞他人

聰明的設計

「週二早晨」。這個詞不只代表一星期初始的某一天，這也是我家附近的家用品量販折扣商店的店名（我最喜愛購買生活用品了），從堅固耐用的家具到裝潢小物，所有東西都分散在一排排走道上，每樣物品上面都有個吊牌號稱省下多少錢。所以當我們的建築師與室內設計師提著幾袋「週二早晨」的購物袋，走進我們幾乎完工的辦公室時，我非常興奮；因為每一袋都裝滿各式各樣的東西。

我們才剛將兩千兩百平方英呎的倉庫與一間內有兩間臥室的小屋，改裝成我們事工的辦公室與我的書房。我們的鄰居史提夫與布莉姬，也是我們的好朋友，花了一整個夏季來設計、規劃並安排這場大整修。他們了解我們對於房屋和細節的品味，而且深知預算有限，因此當布莉姬看見如此物美價廉的家用品時，她就會幫我採購。

布莉姬一走進倉庫及辦公室的大門，我們就馬上打開這些購物袋，好好觸摸戰利品的質料，讚嘆一下它們的顏色，將物品試擺在不同地方，或者拿著它們展示把玩，這真的好好玩，感覺就像擁有我自己的裝潢節目。我發現袋子裡的東西一個比一個漂亮，而且每一個東西被放在設定的位置上時，都完美契合布莉姬的想像藍圖。

最後輪到的一袋，是她特別為書房挑選的飾品。但當她拿出一條專門掛在門把或抽屜把手的流蘇時，我卻猶豫了。這流蘇無疑地非常美，不同材質與色調混合的垂飾，從華麗的球型體寬鬆垂落著，每一絲都捕捉著濾進窗戶的自然光澤。我必須承認，這東西真好看，而且我翻了下吊牌，發現價錢也很優，只要5.99美元，讓我更喜歡它了。

而且，因為我尚未決定這個小房間要採用哪種裝潢風格，為了保險起見，我請人將房間漆成自然磚瓦色，非常淡雅而自然，地板、牆壁與檯面都採用乾淨透明的乳白色調。如此一來，無論日後挑選哪些家具與裝潢，都能形成絕佳的搭配。

只不過，我心裡就是有些疑慮。我坐在空蕩蕩的客廳地板上，手上轉動著這條流蘇，即使我正試著找個合適的地方掛上它時，光是想到留下它，也讓我感到不太恰當。

是因為流蘇的款式嗎？不是，我認為它很漂亮。是因為它的價錢嗎？更不是，我可能再也找不到同樣品質、價格更低的流蘇。好吧，如果不是以上原因，那又是什麼原因呢？

其實原因在於，這是我新書房的第一樣裝飾品，它的顏色非常特殊，設計又很漂亮，但相對地風格也很強烈，如果將它掛在小房間內，它就會主導整間房間的裝潢風格，最後我會到處找其他東西來搭配它。因此儘管我認為這流蘇很漂亮，但卻不想因為這麼微小、不重要的東西來決定其餘家具的樣式。這對我而言有點可笑、失衡且本末倒置，我不禁想著自己在安頓這樣裝潢小物之前，必須先重新作出一些影響屋內主調的決定，例如牆壁顏色、座椅、地毯、燈飾與壁飾等一些較大型的裝潢，一些會成為屋內中心的擺飾，一些真正重要的裝飾元素。

但絕不是一條流蘇。

因此我將流蘇退回商店。雖然它物美價廉，但對我而言，它就是不夠重要到能夠成為整間房間的裝潢主題，主導我對這間房間其他裝潢的決定。

只可惜我一直沒有以相同的原則，來看待自己的生活。我通常將自我價值取決於次等與不重要的細節或假設，例如我的外貌、交友圈，或是社會標準，來決定自己應該成為哪種女人、將時間花在思考哪些事情、精通哪些技能。我在人生的許多時刻都一次又一次地買了流蘇：那些次等、不重要、沒價值，甚至極度錯誤與不合適的流蘇，還把它們掛在焦點上，讓我的生命空間繞著它運行，次數可能多到比我願意承認的還要多。

當然不只有我是如此，或許妳也接受了些錯誤、屬世的思想與哲學，然後選擇改變妳的看法來配合它們，最終甚至改變妳自己。妳一路上是否吸收一些扭曲的社會標準與建議，使妳帶著壓力去遵守，而不是相信活出真我就已經足夠？也許妳的輕重緩急次序失衡，例如因為一樁特定事件或暫時的挫折就小題大作，容許它們來定位自己、迫使妳將往後人生都建立在錯誤的基礎之上。或許在妳發現之前，早已受控於根本沒資格將妳呼來喚去的事物，還努力安排自己的生活，以配合一開始就過分重視的情況或想法。

這是失衡、退步、荒謬、失控。

我們一開始就必須作出更重大、全面的決定，必須在掛上這些飾品之前，就先想出如何裝潢屋子。這就是為何這份決心對妳我而言，都是如此重要，我們要基於上帝所賜的能力與天賦，承諾賦予自己真正的價值。一旦解決最主要的問題，其他一切自然會水到渠成，我們會擁有自由將生活建立在真正重要的事物上，而摒棄其餘沒價值的。

姐妹們，別把賦予妳人生價值的重要事物，建立於妳在二手市集裡看到的廉價想法上，妳要重新改裝的人生裡，有太多上帝賜下的潛能，妳卻可能會把它浪費在低檔次的東西上。開始**切切探究並投向真理**，揭露那個真正的妳，彰顯上帝造妳之時，希望妳為這世界帶來的美好，**讓妳的人生圍繞這些永恆真理來運行**，這才是穩定、確信、值得信賴與大有能力，而不是退步、失衡與荒謬。

這才是下定決心。

勇氣挑戰

- 閱讀彼得前書二章9—10節，並記錄關於自我價值的話語。下定決心真正研讀、默想這段經文，並更深入地挖掘聖經啟示的真理。

心靈對話

- 妳讓哪些微不足道的事件，形塑妳的自我形象或自我價值？
- 妳人生的裝潢計畫，是如何背離妳原本的理想結果？

超自然的揀選

昨晚看電視時，我看到一位全球知名人士正在接受訪問。她美麗、迷人，在專業領域的成就既亮眼又廣受好評，擁有所有我能想到高人氣公眾人物的特質。然而，即使受到成千上百萬人的愛慕景仰，她竟說了出乎我意料之外的話。她回應主持人的某個問題時說道：「我覺得自己的形象一直都不是太好，甚至不知道該如何獲得良好的自我形象，總是四處遍尋不著方法而感到很絕望。」

呃？她也這樣？對自己不滿意？我實在非常驚訝。一個才華洋溢、聲名遠播的五十幾歲女性，在她的成年時期除了地位與聲望，對其他部分卻所知甚少，顯示出她年復一年在內心掙扎著，渴望發掘、享受與讚美自己。我們能體會這樣的感受，因為或許自己也同樣深陷於如此的掙扎中，但妳要明白，我們真正而長久的價值，不僅是建立在眼睛可見的外在條件上。

不是建立在某事物，而是建立在某人身上。

親愛的姐妹，來聽聽上帝在面對一位同樣喪失健康自我形象的年輕人時，祂會怎麼說。上帝為了鼓勵年輕的先知耶利米，對他說……

我未將你造在腹中，我已曉得你；
你未出母胎，我已分別你為聖；我已派你作列國的先知。

（耶利米書一章5節）

再讀一次這節經文，就像女兒全神貫注傾聽慈父聲音，聽聽那些驚人的宣告：

「我揀選了妳。」

「我分別妳為聖。」

「我差派了妳。」

這就是真正的妳，蒙神揀選的女子，分別為聖的女子，上帝差派的女子。此刻，妳不是偶然出現在此拿著這本書，渴望以認真的決心重塑妳的人生。此刻，妳活在屬於自己的情境中，面對處理著特定問題，在在運用著妳個人的技巧與能力，這絕非是個巧合。

上帝將妳造成現在的樣子，將妳放在現在的位置，是有祂特別的目的。

一、祂揀選了妳　妳是神聖重要計畫中，精心設計、刻意安排的一部分。因著妳可能還無法完全理解、甚至贊同的理由，上帝揀選妳來歸向祂。這不是祂倉促、漫不經心的決定，而是祂自己特意規劃、出於意志與智慧的行動。

揀選，在這節經文中，表示明白知曉之意。祂會選擇妳，乃基於對妳深刻、親密的認識，即使妳無法了解上帝為何揀選像妳這樣的人參與這樣的活動，祂自己卻非常清楚箇中原因，祂揀選了妳，還有妳的一切，要參與祂在這段歷史時機的工作。就像接力賽的教練，策略性地思考要把哪位跑者放在哪個在特定階段的跑道上，上帝在這段賽程中對妳的選召，也經過精心設計。

這就是為何妳身在此地，身處這個位置。

執行這項計畫。嫁給這個男人。身處這段友誼。

處理這個問題。住在這個社區。帶領這個決策小組。

參與這項活動。養育這些孩子。過著這樣的生活。

這些生活中的組合安排絕非偶然，而是因為**上帝這位教練已認識並揀選了妳**，祂視妳為獨一無二、裝備妥當、有能力掌控錯綜複雜的精確細節，實現這美妙的計畫。

姐妹啊，妳就是那萬中選一。

妳。是。唯。一。

就是這驚人的啟示，讓我朋友安娜有一天屈膝跪下，從她美麗的眼睛裡不斷流出溫熱、敬拜的淚水，直淌到嘴角。最近她又再度受到拒絕，第二次面對未婚夫解除婚約的窘況，成為壓死她內心細微自尊的最後一根稻草。妳可以想像，她絕對有充分理由覺得沒人愛她、欣賞她、珍惜她，她認為自己沒有價值、也沒有魅力來吸引人們的注意，尤其經歷過這一切後，再也不會有了。誰會想經歷以最羞辱、最私密的方式，證明自己沒人要，而且還不止一次？

但耶穌對門徒、對她、對我們所說的話語，就如同上帝對耶利米說的話，帶著大能與平安震攝了她：「不是你們揀選了我，是我揀選了你們……」（約翰福音十五章16節）。她以前就看過這節經文，但從未有這般感受，真實經歷到聖靈盤旋光照，用天國的眼界一字字精準地強調著這項原則。**「我揀選了妳」**，這句話駐留在安娜的心中，好像舒緩藥膏，覆蓋了傷口，甦活她枯竭的靈。這段經文給了她嶄新的啟示，也同時告訴我們，若要活出上帝對我們的計畫，每個人都必須領受的真理。妳的價值，就如同我的價值一樣，最終**存在於我們不配得卻由上帝親自選召的過程中**。

二、祂將妳分別為聖　妳與其他接力跑者是完全不同的，如果妳把所有時間浪費在看著妳背後或前方的跑者，希望自己擁有相同的技能或才華，妳就會荒廢整場賽程。我們不需要一模一樣的跑者，但需要成聖的跑者、能夠委身的跑者，依照自己特定任務分別為聖，成就自己獨特的角色，在命定的時間、地點，奔跑著特定路段的跑者。

「分別為聖」表示在特定時間點委身奉獻於特定任務，保留自己在特定時間、地點，以特定方式，得以最佳狀態為上帝所用、活出真我。這就像妳在餐櫃中收藏的特殊瓷盤，多數時間它們都被安置在玻璃門後方，看著廚房餐桌上的日用碗盤開著派對，但當需要精心佈置的關鍵時刻臨到，這時就唯有那些精美的餐具能夠勝任主角。

妳是上帝聖潔的器皿，專門預留給特定的時機，唯有在那時，妳的獨特之處才能充分發揮並受器重——「必作貴重的器皿，成為聖潔，合乎主用」（參閱提摩太後書二章21節）。上帝在基督裡「賜給我們天上各樣屬靈的福氣」（參閱以弗所書一章3節），讓妳能安然全心專注祂呼召妳活出的生命，在妳與祂親密同行時，信實地向妳彰顯祂的方式與旨意。

一位年輕作家最近寄了一封電子郵件向我傾吐憂慮，她擔心自己的寫作風格不夠有深度與渲染力，還提到自己仰慕的幾位作家，希望自己能與他們一樣優秀。「如果我的寫作功力和他們一樣傑出，」她說：「我也許就能完成這項聖經研究計畫。」當我讀到她的感慨時，想起自己也是經常如此，冀望自己能像某位作家；更有深度與創意，因此我常需要其他人的提醒，就像我現在提醒這位年輕作家的話語：有些讀者唯有透過妳的文字、妳的觀點與妳的風格，才能聆聽、理解與領受一些道理。**我們都是上帝創造來完成特定任務的人**，如果我們認為自己不夠有價值而不能善盡本分，定會產生巨大的損失。妳知道嗎？某人在某處正需要妳，憑藉妳一切的獨特，來實現開展妳的呼召。

所以，扛起妳的責任、擁抱妳的角色，享受大顯身手的精彩時刻，不要自怨自艾自己的匱乏之處，或因為沒有別人所擁有的特質而倍感威脅，相反地，妳要為妳羨慕之人的特點而喝采。妳不是個失敗品，不是偶然產生的結果，妳的受造來自全能上帝超自然的特定計畫，妳絕對意義非凡。

不要一直設法留給人深刻印象，或一心想要勝過別人，不要因為自己沒有或做不到的部分而羞愧，妳要把握機會在生活的行事為人、吃喝呼吸上，都彰顯上帝分別為聖的女人所領受的恩典，儘管我們有軟弱與缺點，卻能成為主所重用的珍貴器皿。妳是精心策劃的成果，是值得讚嘆的曠世鉅作。

沒有一處是平凡無奇的。

三、祂已差派妳　受揀選分別為聖是個殊榮，更精確而言，這同時也伴隨著重大責任（有其他聖經版本寫「栽培妳」），要妳用個人的生命結出果子。耶穌為此作了總結：「不是你們揀選了我，是我揀選了你們，並且分派你們去結果子……」（約翰福音十五章16節）

因此，妳可以信任上帝已將妳放在目前的位置上，為要讓妳結出最多果子。即使妳可能不滿意當下的自己，不太喜歡目前的環境，妳都能相當肯定，上帝已透過精心計畫將妳放置在此。祂已挑選了讓妳生長的「土壤」，連妳將經歷的每種季節與氣候，在降臨於妳身上之前都要通過祂的恩典之手。這些周圍環境都經過神聖的設計，讓妳獨特的天賦與能力，得以發揮最大潛能，能夠成長、獲益與結果子。

> 妳的受造來自全能上帝超自然的特定計畫，妳絕對意義非凡。

上帝就像其他農夫一樣，祂也期待種瓜得瓜，蘋果籽應該要長成蘋果樹，蘿蔔籽應該要長成蘿蔔。同樣地，上帝也設計讓妳的種子，結出唯有妳才能結出的果子，因此試圖結出像別人一樣的果子是沒有意義的。妳在生命每一刻的本分，就是在這一生發揮出妳所有恩賜、性情和生命的熱情，相信這些就足以結出上帝期待妳結出的果子。

信靠上帝。祂懂妳。祂對妳有特別的計畫。

雖然我不確定當妳急切渴望獲得更健全的自我形象時，妳所苦苦掙扎的一切問題，但我知道，妳得到健康自我形象的唯一方法，就是**回到妳在上帝眼裡千真萬確的價值，信靠那揀選妳、將妳分別為聖、分派妳結果子的獨一上帝。**祂愛妳愛到將妳造得獨一無二，並給予妳唯有靠著祂豐盛的幫助與能力，才能成就的任務。

下定決心熱愛作自己，定意成為祂創造妳的樣式。

勇氣挑戰

- 研讀並背記以下經文：

1. 以弗所書二章10節—宣告妳對上帝的重要性。

2. 耶利米書一章5節——肯定妳是上帝揀選的。
3. 哥林多後書三章5節——證明妳在上帝裡充足有餘。

心靈對話

• 想一想，有沒有妳因為覺得能力不夠或不配參與，而無法做到的事？選擇從這星期就開始著手其中一樣。

樂於作自己

……真正的妳。

其實很少人有機會理解這個事實。我們在一生中耗費許多歲月，期待或假裝自己是與真我不同的人，以至於從未經歷過盡情作自己的全然自由。在一些情況中，甚至付出極大的努力避開那個獨特的自己，導致我們不小心迎面撞上她時，竟完全認不出她來。

然而，任何女人若渴望活出她最初受造的目的，最重要的，就是要去重新發現、重新慶賀上帝當初創造的那個妳。

妳是世上唯一的妳，是我們真正所需唯一的妳。詩篇一三九篇說，妳是……

- 上帝所鑒察的。祂所認識的。祂所看見的。
- 祂所庇護的。祂所追求的。祂所祝福的。
- 祂所引導的。祂賜力量的。祂所扶持的。

• 祂精心創造的。祂所帶領的。

上帝極為重視那個真正的妳，甚至願意付上那麼多時間與注意力來創造與扶持著，但妳是否真正試過去熟悉這個人？當妳揭開外表與假象，當妳脫去面具挪走一切矯飾與偽裝，所留下的就是上帝眼中看為至寶的真我，鮮明受造且完全能夠成就祂在妳生命中設立的目標。

妳。就是妳受造命定的樣式。

因此，請多花點時間來發現、重新想起，那些真正能描述妳的一切：妳的天賦、才華、熱情、古怪、厭惡、軟弱、興趣與獨特，那赤裸裸、毫無粉飾的樣式。這整個過程需要慢慢來，因為妳若要剝除刻板印象與標籤，以及妳習慣用來界定自己的謬誤與特徵（無論妳是否知道），就必須付出時間與努力，而妳若選擇在誠實中進步，還必須付出更多。事實上，妳可能還需要朋友的協助。

首先，妳要請他們指出妳的獨特之處。通常我們很難像身邊親近的人一樣了解自己，妳對自己的美習以為常，對自己的聰慧司空見慣。妳習慣了自己，忽略了這些使妳獨一無二的卓越特質，妳已經太習慣擁有它們，所以當妳的珍貴變成只是日常慣例的一部分，就無法引起妳的注意。

因此要敞開自己、聆聽對方，讓他們提醒妳，那些在妳身上看見的特質。把這些特質寫下來，內化它們，領受它們。妳的恩賜與技能、妳的個性與氣質，這些使妳值得注意，成為獨一無二的所有獨特之處，當然，還有妳的剛強與軟弱。

其次，標示出妳忽略以致未曾發揮的特質（如果有的話），真心頌讚它們，在未來養成習慣尊榮自己的獨特。想想看，往後幾年、甚至往後幾星期的回歸真我，將會是多麼美妙。妳能活在真正的自由裡，可以卸下偽裝，以及長久以來為了留下虛假印象的疲倦感，妳不再為著那些使妳覺得自己不符標準的事物過度努力，與上帝的眼光一致，能使妳不再一直對抗祂的計畫又逆向而行。

好好接納自己。

珍愛祂放入妳內在的價值。

這是個值得作下的決定。

勇氣挑戰

- 記錄別人在妳身上看見的獨特之處。哪些使妳大吃一驚？

- 請妳寫下該如何能意識到並賞識這些特質。
- 如果這麼做，將會如何使妳在家庭、職場或感情關係的互動中受益？

心靈對話

- 接納並珍愛妳受造的本相，同時為著上帝在妳身上賜予的特質，向祂獻上感恩。

讚美運動

我先生一直對女性的獨特之處深感著迷、好奇卻也有些困惑。在多年婚姻相處中，他發現太多無法完全理解的女性特質，例如為何週末出遊不能只打包一雙鞋子就好，或是僅僅是聊天就能成為女人莫大的享受。在這十二年光陰裡，他曾問過我諸多問題，希望能搞清楚這些事，然而即使經過我努力解釋，他還是只能莞爾一笑，充滿愛意地輕拍我的臉頰，無法置信地搖頭走開。

我猜男人就是永遠無法理解那些對女人而言再清楚不過的事。

也許他們也同樣不明白：一個女人給另一個女人的讚美有多大效果。

他聽我說過有個女性友人穿的一件裙子多麼地突顯她的美腿；他聽過我對別人說，她的髮色與髮型「實在太好看了」；他看過其他女人向我走來，感謝我的某項人格特質，或僅僅只為了對我說我的上衣真漂亮。

依他這輩子的生活經驗來看，他實在不知道這有什麼功用，他告訴我，男人就是不會去讚美人，絕對不會。舉例而言，我絕不會剛好看見他在讚美另一個男人的髮型，或對朋友說那件鈕扣襯衫讓對方的肩膀顯得多寬闊。他甚至提醒我，若我聽到哪個男人讚美他那一些女人才會讚美的事，我最好離這人遠一點。

「我們就是不做這些事，」他說。

但姐妹們，這卻是我們會做的，而且應該多多益善。

我們比多數男人更看重與他人的關係。我們在同性友誼中不斷成長，並真心喜愛自己從中得到的讚賞，同性的讚美更能使我們欣然接受的獨特原因，多半是因為我們很確定它沒有附帶條件，背後沒有不明動機，僅僅在表達真心的讚許。

雖然我們的自我價值絕不該建立在他人的恭維或肯定上，但當姐妹讚美我們時，我們卻能感受到某種程度的祝福。儘管男性的讚美讓我們覺得受寵若驚，但姐妹淘的讚美卻帶有單純與溫柔的力量，使我們精神一振，幫助我們感到安心與溫暖自在。此外它還有一種力量，一種強大的力量：它能化解彼此競爭的需要。

當妳認真看待這項決心，真心接納自己的特性，最終，妳會同樣自在地接納周圍的人。妳不會再浪費太多時間在自己的挫敗感上，不再設法使他人迎合妳的個人期待，反而讓他們作自己。更棒的是，妳將更有能力去享受、讚賞他們的獨特，那些他們更勝於妳的專長，因為妳能完全與妳自己以及妳的優異才能共處。

這項決心不僅影響到妳，也將吸引妳周圍的女性，她們將會經歷到從妳生活的安全感裡升起的肯定。我們應當把這項決心當成金科玉律並努力實踐這項運動，一項與我們的決心有關，致力在女性生活中發揚光大的運動。

這可以作為一項運動。

我們的讚美運動。

更是贈送給姐妹們的禮物。

勇氣挑戰

• 撥出時間回顧妳在這部分寫下的筆記。仔細思考自己需要些什麼，才能讓妳活出真我，並經歷活出真我的自由。除此之外想一想，是否不知為何，妳就是很難去讚美某些女性，這星期就下定決心去讚美她們的獨到之處，還有對妳的價值。大聲唸出這項決心並在下面簽名。

真正的我

我定意要接納並讚賞自己的獨特之處，
且尊重與鼓勵他人的優點。

實證者簽名

定意要回應基督的呼召

神聖使命

祢說：「你們當尋求我的面。」

那時我心向祢說：「耶和華啊，祢的面我正要尋求。」（詩篇廿七篇8節）

美國政府於一九七九年鑄造以蘇珊．安森尼（Susan B. Anthony）為頭像的一元銅板，到了一九九九年又再次發行。這是美國首次使用女性人像作為通用貨幣的頭像，用意在於慶祝女權的進步和女性整體對國家產生的影響。

但這枚銀幣比傳統的一元銅板小，看來更像兩毛五分錢的硬幣，常讓人搞混而分不清楚。雖然這兩種硬幣的幣值大相逕庭，但外觀卻非常相似，因此，蘇珊．安森尼版的一元硬幣並不受大眾青睞，最終停止流通。

姐妹，妳則是依上帝的形像「鑄造」，受呼召「出黑暗入奇妙光明」（參閱彼得前書二章9節），基督賦予妳貴重的價值成為祂的女兒，與聖徒「同受基業」（參閱以弗所書一章18節）。上帝在妳身上投注祂認為最適合妳的恩賜、才幹與特質，使妳……

驚人地心滿意足。彰顯女性氣質。活出真正的妳。

但還不只是如此，妳同時也有機會……**忠心屬祂。**

顯然，上帝將神聖的珍寶投注在我們的生命時，妳我也身負一個應該將之視為殊榮而予以回應的責任。上帝配得我們下定決心，忠誠而一地活出我們的價值，向外對世界展現上帝因犧牲而賜下的無盡恩典，以及所賦予我們的內在價值。我們永遠不可迷失在世俗流轉中，像一枚一元硬幣卻混淆在一整堆兩毛五分錢幣裡，追求次等的目標與利益，使我們無法脫穎而出。相反地，我們的目標應該是為自己的行為負起責任，使它們單單順應上帝與祂的話語，委身我們蒙召在世為人的神聖標竿。

這是忠心屬神女子的決心：

- 我們是倚靠上帝聲音的女子：我們聆聽、留意，並將自己的意志順服於祂的旨意。

- 縱然我們自己的意見與聖經相左，卻依然高舉聖經的桂冠。
- 我們是不向屬世權威妥協的女子，唯向創造、深愛我們，並呼召我們屬祂的獨一真神屈膝敬拜。
- 我們是心懷屬天標竿、靈擁天國耳語生活的女子。
- 我們身在世界，但卻不屬世界。世界無法控制、消耗我們，也無法強迫我們。
- 我們受到神國的呼召，心懷上帝所賜的熱情與動力，追求上帝的旨意。

這就是讓我們與眾不同之處。縱然文化裡充斥著罪惡與對上帝的敵意，我們卻依然忠心跟隨上帝與祂的話語。希伯來書的作者在寫到信實典範時，提到一個令人跌破眼鏡的例子。

同蒙天召的聖潔弟兄啊，
你們應當思想我們所認為使者、為大祭司的耶穌。
祂為那設立祂的盡忠，如同摩西在上帝的全家盡忠一樣。

（希伯來書三章1—2節）

什麼？摩西？信實？有沒有搞錯？

當妳快速回想摩西早年的生活時，妳肯定不會這麼認為。這裡所謂「早年」指的是在他八十歲或更老之前。在埃及，他被當成皇子扶養長大，卻不得不在殘殺同胞後逃亡，往後四十年間，他在艱苦的環境裡放羊，做著一份遠低於他薪資水平與教育程度的工作。有一天，上帝從焚燒的荊棘裡對他說話，著實嚇了他一大跳，差派他一個遠比放羊更尊貴的職務：帶領以色列人脫離埃及人轄制。然而，當摩西接到這份任務時，他只是吐出一堆解釋自己無法勝任這角色的藉口，在上帝不厭其煩地不斷說服他後，最終雖然他順服並接受上帝的指示，但我們知道他在過程中經常對三心二意的以色列人失去耐心，讓自己失控發怒。最後摩西甚至因為不順服上帝的指示，使自己至終都無法進入上帝為祂子民揀選的迦南地。

所以……

如果我是希伯來書的作者，我可不確定摩西是信實典範的首選，然而作者卻讓他脫穎而出，還說他「在上帝的全家盡忠」。

若摩西能活著讀到這節經文，我納悶他的反應會是什麼。他可能會想起自己一生中所有的災禍與過犯，羞愧地搖頭不敢置信，懷疑作者在提筆時是否神智不清，或許作者應該說他不忠還比較貼切。當我們回顧摩西的一生時，絕對不會以「信實」二字來形容。

妳能明白嗎？也許妳在讀到我們第四項決心時，也覺得灰心喪志，想起許多過犯與錯誤，還有許多的錯誤判斷。妳怎麼能合乎堅定委身、分別為聖，與「在上帝的全家盡忠」的標準？

那麼摩西的例子應該帶給妳我莫大的盼望與激勵。雖然他有一連串不及格的紀錄，但他行過的事蹟、留下的風範與傳承，卻配得用來光照我們、不斷提醒我們這些經常認為自己生命也同樣微不足道的人。在希伯來書第三章，蘊藏著一個至關重大的主題，串起了摩西的故事。

關鍵是摩西受到呼召。

那是來自上帝的呼召（第1節）。

雖然摩西在執行任務上有著各種瑕疵，但他堅守上帝對他生命的呼召，「忠心於選召他來工作的上帝」（第2節）。儘管罪疚與悔恨的雜音包圍著摩西，甚至還有巨大的噪音邀請他隨之起舞墮落，但他依然能捕捉到天國微弱的呢喃，督促他要跟隨上帝的旨意，捨棄追求眼前短暫的快感；而這就是將他及他的子民，從其他人之中分別為聖的原因。

他不完美，但他有**果敢的決心**。

他並非無過，但他有**上帝的同在作為記號**。

他定意邁向更高的標準，這個巨大趨力吸引他去渴望上帝看為重要，而非他人看為重要的事物。這也支配他一生的展望，顯明了一個不會三心二意、偏離天國呼召的人。摩西前往迦南地，他的目標是奶與蜜，這表示即使他得從失敗與挫折中自立自強，也不能讓這些阻難令他停止腳步，除非上帝不允許他再繼續前進。他受到天國的呼召，這項差派任務決定他生命中所有事物的優先次序，也決定他的目標與熱情。我們可以看到他雖不完美，但堅持不懈。

忠心信實。

我們也像摩西一樣，擁有這份得享來自天國呼召的殊榮，此時此刻，若妳仔細聆聽，就能聽見內心的回聲。妳聽見了嗎？它正邀請妳與上帝一同歷險。當妳翻到這頁時，檢視妳的內心，看看自己是否感受到那份急迫，渴望著在今生能經歷更深刻、崇高的事物。如果這份決心使妳的心燃燒著聖潔的期盼，那麼妳正在經歷天國的呼召——邀請妳、召喚妳、鼓勵妳。是的，天國正呼喊著尋找信實的人，他們不僅每天醒來聆聽天國之聲，更會在聽見之時作出回應，正是這靈魂的呼喊渴望著永恆的事物，而非屬世的一切，貨真價實，絕非魚目混珠。這也就是為何我們會感到些許不安，感受到我們永遠無法平息的內在痛楚，讓我們無法在當今文化價值中找到滿足。

上帝將我們每個人造得與眾不同，如今祂還邀請我們去渴求那些我們之所以受造為不同的目的，這揭示了信實之人的標準：他們承認、接受並追求上帝的道路，明白上帝會記念祂的呼召並努力完成。「忠心的人」就是那些決心輕看屬世成功的人，轉而追求父神賜下明確且獨特的神聖使命。

這就是為何一位母親決定以家庭為重，選擇全職在家，因為她知道那些誘人卻耗時費力的工作職位，會帶她遠離最重要的事物。

那就是天國的呼召。

這是讓單身女子拒絕那位黃金單身漢的原因，因為他雖擁有一切，卻對屬靈事物毫無熱忱，也沒興趣關心上帝對她生命的計畫。

那是天國的呼召。

這是在窘迫的財務狀況與艱難的外在環境中，驅使教會領袖不斷持守向前，計劃並建造上帝「聖所」的原因。

那是天國的呼召。

這是讓妻子忠於婚姻，敦促她在沒有任何值得一提的實質保障下，依然持守的原因。

那是天國的呼召。

這是對忠心的人，對妳我的呼召。呼召我們定睛仰望上帝，並祂對我們的計畫，然後倚靠聖靈的力量，我們就能在各種人際關係與努力中，著手達成目標。

妳感受到的天國呼召是什麼？妳認為上帝創造妳，並在這個時機、將妳放在這世代中的至高目的是什麼？妳知道嗎？當妳在早晨醒來，靜默聆聽天國之聲時，妳是否正設法發現這目的？最佳的起始方式就是，**現在就忠心於上帝差派給妳的任務**。要感應靈魂的深層觸動，聖靈正敦促妳的腳步，使妳看見祂對妳的呼召，不計代價去追求它吧。

坦然無畏。勤勉追求。忠心實踐。

安靜！仔細聽。這是天國的呼召。

勇氣挑戰

• 寫下「摩西的事蹟」對妳的激勵與啟發。

心靈對話

• 在妳生命的現階段，妳必須如何勝過理性或文化壓力，持續委身於天國呼召？

信心vs.忠心

因為知道你們的信心經過試驗，就生忍耐。（雅各書一章3節）

母鷹會盡其所能地守護雛鷹，牠在高處築巢，好安全地遠離天敵，然後在巢裡鋪上一層柔軟、舒適的材質，為牠的孩子創造一個美好安逸的窩。

但鷹巢中還有妳眼所不見的小祕密。小鷹們很快就會發現，母鷹在柔軟表層之下，用岩石、樹枝與其他尖銳物體作為鷹巢的基底，當母鷹認為時機適當時，牠會攪動鷹巢，擾亂到幾乎翻覆的地步，讓尖刺的底層戳透柔軟的表面。此時鷹巢不再是鷹寶寶舒適的窩；而是極為不適，使雛鷹極欲逃離的針氈之地。

是的，母鷹固然會盡力守護雛鷹，但牠也同樣希望看見雛鷹發揮內在全部的潛能，牠必須提高巢窩不舒服的程度，直到牠們預備好面對艱困的現實狀況，經歷上帝創造牠們的天性後，牠才算是善盡職責。

老鷹的天性是站穩腳步。展翅。飛翔。

「忠心」的意義很像是鷹巢，絕不只是表面看來那麼簡單，忠心不僅是人處於安逸而未經考驗的信心，更是**實踐的行動**。這不只是擁有堅定的信仰；而是將那堅定的信仰趨進為實際的行動。信仰堅定是一回事，但堅固站立，依照信念作出決定，使生活與之一致，又是另一回事。

這就是忠心。

當妳不斷活出信心，尤其在困苦之時顯明信心，這就是忠心。因為困苦正是磨練並活出信心之處，除非妳見過某人在大可放棄之時卻堅定持守行動與決心，否則妳絕不會說這人很忠心。一個人愈始終如一，她就愈擁有堅定不移與堅持不懈的榮耀。

舉例而言，妳和我一起花了時間、下定決心，並相信這些決心能對我們產生預期的影響，但若闔上書後，我們彷彿未曾下定決心，繼續過著舊有生活，那就是浪費時間，若是如此，本質上而言，我們就只是享受巢中安逸，完全無法經歷對我們應該產生的影響。即便我們相信這些決心會有果效，但若沒有身體力行，永遠也無法看見它們本應結出的果子，永遠也無法展開聖靈的翅膀來飛翔，永遠無法經歷天父話語引領我們能夠進入的境界。

下定決心並不會讓妳變得忠心，這只像是巢中被餵養的雛鷹；唯有當鷹巢翻覆使妳展翅，經歷重重困難卻依然能夠振翅高飛，才是妳證明忠心之時。

對天國的呼召忠心。

就像耶穌一樣。耶穌於世上的生命與服事中，「祂因所受的苦難學了順從」（參閱希伯來書五章8節）。雖然祂始終抱持信念，也堅定尋求父神的旨意，但祂日復一日在苦難中順服上帝的旨意，這才是證明忠心的確據（參閱路加福音廿二章42節），祂禱告祈求（參閱希伯來書五章7節），委身實踐父神的目的，無視自己渴望逃離被釘死在十字架的人性軟弱。結果，「祂既得以完全，就為凡順從祂的人成了永遠得救的根源、並蒙上帝稱祂為大祭司。」（參閱希伯來書五章9—10節）耶穌為上帝的終極目的作好了準備，因為祂以艱苦的方式「學會了順服」。祂與世界格格不入，在生命的苦難折磨中堅守呼召、完全降服，全然委身父神的計畫。

這就是忠心。

基督這位降生為人的至高上帝，祂是為我們創始成終、公義聖潔的榜樣，如果連祂都選擇謙卑地在生活中實踐忠心，那我們更理當如此。

我希望妳是忠心的人，而天國也正呼召妳成為忠

困苦的熬煉正是磨練
並活出信心之處。

心的人。無論在工作、與朋友互動、財務發生困難、面對重大決定、羨慕別人生活時，若當妳下定決心要忠心屬上帝，妳就是決定即使在困窘的環境，也要讓自己對上帝與祂話語的一切信念，不斷引導妳的腳步、妳的雙手、妳的心智和心靈。

在一個標榜不斷改變與質疑選擇的世上，一位下定決心定意活出忠心的女子，是何等地諷刺，又多麼地不可思議。但若要與眾不同，就需要費盡心力並剛強壯膽，成就非凡必須犧牲安逸與接受匱乏，讓祂好好預備妳，以成就祂為妳安排的上好工作。為了妳。忠心屬祂的妳。

勇氣挑戰

- 用妳自己的話來描述信心與忠心的不同。

心靈對話

- 妳會說自己是忠心的人嗎？如果會，妳在生活的哪一方面忠心？

我想要和妳說話

聖經裡上帝的話語是我們珍視的，但我們卻常讓它像其他寶貴的事物一樣，成為另一個負擔。我們常把讀經視為「該做的事」，通常也是「還沒做的事」。我們有時間塗指甲油或認真開始做家事，有時間瀏覽最喜愛的網站、與同事共進午餐，有時晚上癱在沙發上、發懶地打個盹，但……

「該讀經了。」

「（長嘆）聖經咧？」

我們很容易開始對上帝的話語有這種感覺，直到深切明白，忠心屬祂**乃是根植於我們與祂話語的關係上**。上帝已賜下祂的話語讓我們學習並享受，為的是要更新我們，喚醒祂早就植入我們靈魂深處、想要與祂建立關係的渴望，祂要對我們的心說話，向我們顯明祂是誰。沒錯，還有提點我們面對自己的軟弱，吸引我們順服祂，從而逐步邁向恢復、救贖的祝福。不僅如此，這就像對於癌細胞的放射線治療一樣，上帝的話語在看似平常全無變化之時，正活潑地更新我們。

祂的話語不是瑣碎雜務，不是喋喋不休。

而是生命、愛、活潑的真理，堅硬如花崗岩石，卻也柔軟如嬰兒肌膚。

不僅要我們去研讀，還要吸收、浸潤、活出來。

更要啟示我們、重塑我們、定義我們。

這是因為聖經不只是一本提供資訊的史料書籍，而是上帝活潑的話語，擁有祂聖靈的生命來啟發妳，親密地訴說祂為妳量身的計畫。如果妳在讀經時仔細聆聽，妳就會在聖靈融入古老話語顯現的當下，感受到上帝的溫暖氣息輕撫妳的臉頰。最常發生的是，當妳浸潤在上帝話語中時，妳會聽見天國對妳的呼召，如此妳就能從聖經誡命的鼓勵中，滋長堅定追求信實的能力。由於信實是上帝聖靈的果實（參閱加拉太書五章22節），因此能確定妳心裡的聖靈，能與妳不斷從上帝話語領受啟示、協力做工，幫助妳朝著標竿直跑——「要得上帝在基督耶穌裡從上面召我來得的獎賞」（參閱腓立比書三章14節）。

在前一章裡，我鼓勵大家致力活出與天國呼召相稱的生活，但有時我們會軟弱鬆懈，這時我就要鼓勵妳委身於上帝的話語，妳若不追求上帝的話語，就會失去方向與力量。聖經是上帝用來引導、裝備妳活出信實生活的工具，活在與聖經觀念相悖的世界上，上帝的話語能不斷提醒妳是誰、妳活著的真實目的，以及妳真正屬於誰。**妳是屬上帝的**，而祂的話語能幫助妳肯定這個事實。

這就是為何我要用以下如此長的列表，確切地講述永活上帝的話語，這些話並非直接引用經文，但它們闡述了相關經文主題，幫助妳能用第一人稱來宣告。妳不一定要一次讀完這些話語，在往後幾年內，我希望妳會一再翻回這裡，一次讀個幾句，讓自己清楚明白自己是誰、屬於誰，以及這些榮耀、永恆與得勝的真理，對妳有什麼意義。

當妳用聲音對著妳自己與所愛之人的生命讀出這些經文時，妳的心意就會更新，信心會增強，行為與態度也會改變，因為「信道是從聽道來的，聽道是從基督的話來的。」（參閱羅馬書十章17節）

> 妳若不追求上帝的話語，就會失去方向與力量。

- 我要盡心、盡性、盡意、盡力愛主我的上帝。（參閱馬可福音十二章30節）
- 我行事為人是憑著信心，不是憑著眼見。（參閱哥林多後書五章7節）

- 有耶和華幫助我，我必不懼怕，人能把我怎麼樣呢？（詩篇一一八篇6節）
- 並不是我們憑自己能承擔什麼事；我們所能承擔的，乃是憑著聖靈，祂叫我們能承當這新約的執事。（參閱哥林多後書三章5—6節）
- 基督常在我裡面，我也常在祂裡面，我就能多結果子。（參閱約翰福音十五章5節）
- 我是有基督的心了，因此我行事為人向祂看齊。（參閱哥林多前書二章16節）
- 主總不撇下我，也不丟棄我。（參閱希伯來書十三章5節）
- 我不輕看自己的軟弱；卻看它們是上帝透過我彰顯大能與恩典的機會。（參閱哥林多後書十二章10節）
- 凡為攻擊我造成的器械必不利用；凡在審判時興起用舌攻擊我的，祢必定他為有罪。（參閱以賽亞書五十四章17節）
- 我要慇勤款待，不發怨言。（參閱彼得前書四章9節）
- 我不要用舌頭詛咒人，卻要時時用舌頭對人說出賦予生命的祝福。（參閱雅各書三章8—10節）
- 上帝的聖靈在我中間居住，因此我是永生上帝的殿。

- 我在些許事上有忠心，就能管理更多的事。（參閱哥林多後書六章16節）
- 我要謙卑順服上帝。我知道必要抵擋魔鬼，魔鬼就必離開我逃跑了。（參閱馬太福音廿五章23節）（參閱雅各書四章7節）
- 我不會給魔鬼留地步。（參閱以弗所書四章27節）
- 那在我裡面的，比那在世界上的更大。（參閱約翰一書四章4節）
- 我選擇聽從耶和華的話，領受祂賜給我的興旺與豐盛祝福。（參閱申命記三十章8—9節）
- 我心要謹守上帝的誡命；因為祂必將長久的日子，生命的年數與平安加給我。（參閱箴言三章1—2節）
- 我將順著聖靈而行，就不放縱肉體的情慾了。（參閱加拉太書五章16節）
- 我要彰顯聖靈所結的果子，就是仁愛、喜樂、和平、忍耐、恩慈、良善、信實、溫柔、節制。（參閱加拉太書五章22—23節）
- 我出我入，耶和華要保護我，從今時直到永遠。（參閱詩篇一二一篇8節）
- 無論環境如何，我要靠主常常喜樂。（參閱腓立比書四章4節）

- 我躺下，必不懼怕；我躺臥，睡得香甜。（參閱箴言三章24節）
- 我必蒙耶和華的恩惠。（參閱箴言十二章2節）
- 耶和華上帝在我中間必因我喜樂而歡呼。（參閱西番雅書三章17節）
- 我是天父眼中的瞳人。（參閱申命記卅二章10節）
- 我一生一世必有恩惠慈愛隨著我。（參閱詩篇廿三篇6節）
- 上帝就照著自己的形像造我，我擁有祂的傳承。（參閱創世記一章27節）
- 我所領受的，並不是世上的靈，乃是從上帝來的靈，叫我們能知道上帝開恩賜給我們的事。（參閱哥林多前書二章12節）
- 我不以福音為恥。（參閱羅馬書一章16節）
- 我的腳步被耶和華立定。（參閱詩篇卅七篇23節）
- 我只思念凡是真實的、可敬的、公義的、清潔的、可愛的、有美名與值得稱讚的德行。（參閱腓立比書四章8節）
- 我愛慕那純淨的靈奶，叫我靈性得以漸長。（參閱彼得前書二章2節）
- 我要離惡行善，尋求和睦，一心追趕。（參閱詩篇卅四篇14節）
- 我乃基督有用的肢體，我要善用屬靈恩賜叫人得益處。

- 如今常存的有信、有望、有愛這三樣，其中最大的是愛，常在我裡面。（參閱哥林多前書十二章7節）
- 我在基督裡面成為上帝的義。（參閱哥林多前書十三章13節）
- 我藉著我們的主耶穌基督得勝。（參閱哥林多後書五章21節）
- 溫柔的我有福了！因為我必承受地土。（參閱哥林多前書十五章57節）
- 憐恤人的我有福了！因為我必蒙憐恤。（參閱馬太福音五章5節）
- 清心的我有福了！因為我必得見上帝。（參閱馬太福音五章7節）
- 我要操練敬虔，因有今生和來生的應許。（參閱馬太福音五章8節）
- 我立了志向，單單要得主的喜悅。（參閱提摩太前書四章8節）
- 我不論斷人，也不定自己的罪。（參閱哥林多後書五章9節）
- 我要先求祂的國和祂的義，我一切所需都要加給我了。（參閱羅馬書二章1節）
- 我真心敬拜父神，用心靈和誠實拜祂。（參閱馬太福音六章33節）
- 我活著不是單靠食物，乃是靠耶和華口裡所出的一切話。（參閱約翰福音四章23節）

- 從我腹中要流出活水的江河來。（參閱申命記八章3節）
- 上帝揀選了我，並且分派我去結果子，並叫我的果子常存。（參閱約翰福音七章38節）（參閱約翰福音十五章16節）
- 我在基督裡是新造的人，舊事已過，都變成新的了。（參閱哥林多後書五章17節）
- 我的一切過犯得以赦免，乃是照祂豐富的恩典。（參閱以弗所書一章7節）
- 父神在基督裡曾賜給我天上各樣屬靈的福氣。（參閱以弗所書一章3節）
- 因祂受的鞭傷，我就得醫治。（參閱以賽亞書五十三章5節）
- 我在基督裡，成全、完備，毫無缺欠。（參閱雅各書一章4節）
- 凡我照父神心意禱告祈求的，無論是什麼，只要信是得著的，就必得著。（參閱馬可福音十一章24節）
- 我是被揀選的族類，是有君尊的祭司，是聖潔的國度，是屬神的子民。（參閱彼得前書二章9節）
- 因為上帝賜給我，不是膽怯的心，乃是剛強、仁愛、謹守的心。

- 我不再作外人和客旅，是與聖徒同國，是上帝家裡的人。（參閱提摩太後書一章7節）
- 我受了所應許的聖靈為印記，這聖靈是我們得基業的憑據。（參閱以弗所書二章19節）
- 我原是祂的工作，在基督耶穌裡造成的，為要叫我們行善，就是上帝所預備叫我們行的。（參閱以弗所書一章13—14節）（參閱以弗所書二章10節）
- 基督釋放了我，叫我們得以自由。（參閱加拉太書五章1節）
- 我向罪也看自己是死的。（參閱羅馬書六章11節）
- 我與基督耶穌一同復活，一同坐在天上。（參閱以弗所書二章6節）
- 我是世上的鹽，我是世上的光。（參閱馬太福音五章13—14節）
- 耶和華是我的亮光，是我的拯救，是我的力量，我還懼誰呢？（參閱詩篇廿七篇1節）
- 靠耶和華而得的喜樂是我的力量。（參閱尼希米記八章10節）
- 我全心倚靠耶和華，所以我必像樹栽於水旁，炎熱來到，並不懼怕，葉

子仍必青翠，而且結果不止。（參閱耶利米書十七章7—8節）

- 耶和華未嘗留下一樣好處不給我，因我行動正直。（參閱詩篇八十四篇11節）
- 耶穌基督是我的主與救主，祂所做的工，我也要做。（參閱約翰福音十四章12節）
- 我因基督成為上帝的兒女，並領受上帝賜我的祝福。（參閱約翰福音一章2節；羅馬書十六章17節）
- 上帝在基督裡堅固我和你們，祂又用印印了我們，並賜聖靈在我們心裡作憑據。（參閱哥林多後書一章21—22節）
- 我靠著那加給我力量的，凡事都能做。（腓立比書四章13節）

勇氣挑戰

- 今天上帝正邀請妳活出信實忠心的生命。靠著祂的聖靈與祂話語的引導勉勵，妳就能達成這個目標。無論妳的過去如何，這份決心能創造嶄新的開始。禱告讀出這份決心，並在妳準備好時簽名。

忠心屬祂

我定意要成為對上帝負責的女人，
忠心委身於祂的話語。

實證者簽名

第二部　這是我所擁有的

定意要為上帝完全獻上我的生命

箱子

我滿懷興奮與仰慕之情，靜靜地站在這位女士下榻的飯店門口，因為我發現我們會在同一場會議中演講，而終於有機會與她見面聊聊。她積極參與事工超過三十載，而我則是一位才剛開始服事的少婦與新手媽媽，在生命的這個階段正感到有點緊張，餵食週期與更換尿布，失眠的夜晚與清晨，再加上責任日益重大的服事，都讓我感到疲累、無力負荷，情緒低落又失衡。

我極需要她的智慧與洞見。

我已經習慣像這樣在忙碌中把握時間和機會，與那些活出自己的人交談，得以擷取他們的智慧和經驗。當我雙腿交疊坐在她房間門口，沒有特別期待什麼、卻又期待接下來所發生的一切時，我知道若自己留心傾聽，就能在離去前帶走些許永恆的真理。

她說話帶著細緻的英國腔，話題將我帶入她早年的歲月，說出她一路上學到的教訓，以及那些她希望自己能早點學到的功課。每次當我問她一個問題，我就會向前傾身，以手托腮，肘放膝上，聆聽她睿智周到的回答，沒有一個答案不令我印象深刻。

尤其是那些箱子。

不不不，她並沒有從床底拖出或從櫃子裡的隱密處拉出這些箱子。她只是要我想像我面前有幾個箱子比鄰而放，一個個透明的玻璃箱子，上面都有蓋子，由箱邊的鉸鍊控制開關，每個箱子大小都完全一樣，並且都裝著相同水位的透明淡藍色液態物質。

「普莉希拉，這些箱子象徵生活中的活動，我們必須投注時間、才幹與心力的各樣工作。我們的天性會想要所有箱子保持一種狀態：裝滿等量的心思與精力。我們以為，這就是所謂的平衡狀態。」

「但事實上，所看到的結果卻是個過勞、沮喪、精疲力竭的女人，一個失衡的生活。」

「親愛的姐妹，若要取得平衡，就是禱告思想上帝在我們當下的生命階段，所訂下的優先順位是什麼，並依此重新安排這些箱子。把一些箱子推到後面，再把其他箱子挪到前面，然後將自己最好的部分與心力放進這些重要的箱子裡，也許還要完全清空其他箱子，至少暫時要清空，不是因為它們不重要，而是在眼下現階段，毋須為它們投注全副的心力。」

「平衡並不是指讓所有箱子都一樣滿，而是我們能自由地選擇填滿現在最重要的箱子，卻不會因為那些要留到日後其他時機再填充的箱子而有罪惡感。妳要記得，這就是均衡。」

我確實好好記住。

這個關於箱子的功課救了我的命。

勇氣挑戰

- 在每個箱子上標記妳生活中的責任（如果有必要，妳可以增加更多箱子），依照妳投注的時間心力，在每個箱子塗上顏色，並比較每個箱子，禱告思想妳的優先順序，是否反映出上帝對妳生命現階段的目的。

心靈對話

- 如果妳習慣將時間、精力分配得太過零碎，這種傾向通常使妳在一天結束或一星期開始時有什麼感覺？

時機最重要

我想我們都知道盡力而為的意義（因為妳可能已經正在用盡全力），意思就是盡可能地賣力，甚至在想偷懶放棄時仍不斷求進步，還做出必要的犧牲使妳能繼續穩定執行任務。妳可能光想到要下定決心再多付出一些，就已經覺得很累。當然，我們要來討論一下這個主題，但在本章結束時，妳可能會驚訝地發現，自己不需要擔起更多責任，相反地，妳必須少做一點。

請記得，若不能充分了解另一面，就無法從我們所認識的這一面中受益。所以，別因為一想到「盡力而為」就神經緊繃，導致妳沒看見改變這份決心適用範圍的另外一部分：認清楚自己的「優先角色」。舉例而言，如果妳盡力而為，但用錯地方，妳不僅在浪費力氣與資源，還可能會損失永遠無法彌補的時間與機會。妳必須看清這份決心方程式的一體兩面。

對上帝渴望妳進行的事情全力付出，才是我們該努力的目標。

這種均衡的行為原則是舊約後期的重點，在剩餘的希伯來人從流亡在外回歸家鄉後，耶和華透過先知哈該，質疑他們生活中失衡的優先順序。當時他們必須重建國度並恢復以往生活樣貌，但希伯來人花上大把時間與資源重建自己的揮霍生活，卻讓聖殿依舊呈現毀壞失修的樣貌。

萬軍之耶和華如此說：「這百姓說，建造耶和華殿的時候尚未來到。」那時耶和華的話臨到先知哈該說：「這殿仍然荒涼，你們自己還住天花板的房屋嗎？」

（哈該書一章2—4節）

花一分鐘想像這些人的樣子。他們經歷流離失所後，回到幾十年前曾遭敵軍燒殺擄掠的荒蕪之地，這片土地百廢待興，許多大掃除與清理工作正等著他們，還有恢復種種基礎建設、開墾耕地等，一下子就要同時面對大量又複雜的事務。

另外，除了一切物質的需求，在被迫流亡多年後，他們飽受壓抑的情感可能也得到了極大的釋放。

對上帝渴望妳進行的事情全力付出，才是我們該努力的目標。

雖然必須面對種種開墾耕種的挑戰，但當他們積極重建自己的小天地時，這重新開始的機會，必定伴隨著無比的興奮感。

可想而知，他們必定想把時間與注意力，全放在重建自己家園的渴望。想像一下，如果妳想要把時間花在某件事上，或是想要專心做好某件事時，會有這種反應都是很能夠理解的。就像他們一樣，現在妳手邊之事其本身未必邪惡或不妥，甚至還可能相當崇高，那麼為何上帝還如此擔憂呢？

上帝並非憂慮他們所做的事，而是憂慮他們選擇做這些事的時機。來看看妳是否能察覺這其中的問題：

- 「這百姓說，建造耶和華殿的**時候**尚未來到。」
- 「……即使現在就是重建聖殿的**時候**。」
- 「這殿**仍然荒涼**，你們自己還住天花板的房屋嗎？」

（參閱哈該書一章2—4節）

重建毀壞的聖殿，是為了將敬拜上帝恢復為他們生活的重心，對上帝而言，在那特定時候重建信仰生活，顯然比建造華美住所更優先重要。上帝並不是說子民的家園不重要，也沒有要希伯來人該為自己想要有個遮風避雨的住所而感到羞恥，但專心致力建造房屋應該留待稍後，而非現在最該做的事。此刻是聚焦於上帝聖所的時候，是減少手上事務，並將全副心力放在上帝要他們做的事情之時。是的，這表示他們現在應該放下喜歡的事，只是暫時而非永遠，轉向專注今日的任務，同時確信日後必有時機來優先從事其他活動。

有時真的很難明白這點。我有個朋友，發現她花了許多時間在幫助處理姻親的事（多麼令人欽佩的工作），但這卻使她忽略自己的家人。她的確很愛他們，但當她扛起重擔，傾聽他們的問題、處理他們的擔憂後，她不禁注意到自己已身心俱疲。而聖靈開始挑旺她思考，意識到現在可能不是處理姻親問題的時刻（而她也不是救主）。為了對上帝在她生命現階段所安排的目標全心付出，她還是必須重新安排自己生活的優先要務；即使很困難，但這是個必要的挑戰。

當妳能決定自己當前的優先要務，當妳順服上帝而將其他事情暫放一邊時，別煩惱自己再也不會有機會和時間處理它們，也許在次年，甚或是往後幾個月，到了適當時機，這些在目前必須暫停片刻的事情，就會成為妳當下的優先要務。

在那之前，妳必須要努力抵抗，同時想要做太多事情的衝動。

要專注致力於今天最重要的事。

我是個家有幼兒的女人，我的優先要務會與退休的老祖母不同，而且理當如此。大學生生活中最重要的事，自然也會與剛畢業的社會新鮮人不同。妳生命的時節，會提示妳邁向此時此地應盡的固有責任。

因此妳要盡到那些責任。

心無旁騖。

允許自己對此時不屬於自己的責任說「不」，並強迫自己延後一些並非當下須優先完成的事情。若妳能確實遵守這個原則，妳將會發現，在答應做某件事時，妳會獲得更多自由與滿足。

勇氣挑戰

- 找一位睿智、誠實又了解妳的朋友，問問她關於妳目前所安排的生活優先要務有何看法。

心靈對話

• 當妳想到那些渴望去做，卻永遠看似苦無時間去做的事情，要記得聖經說：「凡事都有定期，天下萬務都有定時。」（傳道書三章1節）這項審慎的信心行動與洞見，如何能使妳在今天得著自由，並喜樂地付出自己？

任何事、每件事、無論什麼事

所以，你們或吃或喝，無論做什麼，都要為榮耀上帝而行。

（哥林多前書十章31節）

「無論做什麼……」

當我們作下這部分所討論的困難決定，定意在生命現階段將某些事情先拋之於腦後，好讓自己能專心於現在最重要的事時，所伴隨而來的豐盛祝福之一就是，這能釋放妳的能力，把事情做得更好，還能在這事上榮耀上帝的能力。也許就像許多女性一樣，妳覺得自己好像正持續向下墜落，總覺得自己不及格、條件不夠，反正就是不如他人。

這就是完美主義者的負擔。她通常因為自己設下的標準高到無法企及，反而索性全部放棄。她有這麼多事情要做，標準又遙不可及，她甚至在著手嘗試達成目標之前就已灰心喪志。她覺得自己什麼事都做不好，每件事都讓她精疲力盡，然後看著手邊所有做到一半的任務，陷入絕望之中。完美主義必然使人最終生活在羞愧與罪惡感中，永遠對自己與環境不滿。

因此，我必須強調，**盡力獻上自己並不是要追求完美**。聖經馬太福音五章48節，耶穌教導我們「要完全，像你們的天父完全一樣。」祂並非期望妳行事為人全無可批評之處，而是邀請妳進入完整與圓滿的生命，這才是聖經裡「完全」的意義，它並非標準量尺、精準無誤，而是邀請妳全然付出自己，付出妳的時間與才幹，完成祂差派的任務。

完美主義必然使人最終生活在羞愧與罪惡感中，永遠對自己與環境不滿。

這項決心在鼓勵妳遠離完美主義，它鼓勵妳減少旁騖，只專心於上帝榮光在妳生命此時彰顯的活動上，然後得以更盡心付出。最常發生的狀況是，妳的職業道德與品行都不差，妳只是放任自己漫無目的同時做太多事情。一位睿智的朋友曾告訴我：「普莉希拉，妳無法做一千件事來榮耀上帝，但**妳可以專心做好特定幾件**。」雖然這是她在看到我拼命填塞的行程、雜亂無章的做事順序後，有感而發的一句玩笑話，但她的感想卻真確無誤。當妳選擇每件事都做，妳就任何事都做不好，但當妳專心聚焦於榮耀上帝，就能限縮目的並幫助聚焦。

我要特別強調，**妳能夠做的就是把事情做好！**

這是聖經的應許。

否則為何保羅不斷勸誡我們，將他對我們「無論做什麼」的勉勵，領受為生活的現實？他在歌羅西書三章17節再次說道：「無論做什麼，或說話或行事，都要奉主耶穌的名，藉著祂感謝父神。」

他這麼說是因為這就是真理。若妳我集中心力，朝向「無論做什麼」的天賜命定邁進（就如同我鼓勵妳帶著活出真我的決心去做），並決定全心全意完成上帝所差派的任務，祂不僅會大大幫助我們完成那些任務，更會幫助我們將榮耀歸與祂。若試圖去做別人的工作，無論做得多好，都無法榮耀上帝，因為我們充其量只是贗品，而且試圖仿照他人標準來生活，只會使我們身心俱疲。但如果我們在生命現階段將恩賜分別為聖獻給上帝，那麼將會看見祂使我們得著力量，使用這些恩賜將尊榮與榮耀歸與祂。妳可以肯定，當妳專心榮耀上帝，而不是要取悅或模仿別人時，妳所獻上的，會引導妳將最好的一切全都表現出來。

妳所能做的部分，已經做得夠好。

妳聽懂了嗎？很好。

這也許是妳第一次聽到這種話，尤其若妳的天性是希望自己做事能像她，或像她們一樣，甚至覺得自己若能夠如此，「上帝就能從我的生命得著些許榮耀。」但保羅的指示與這份決心，並非要妳活得像別人，而是提醒妳「無論做什麼」，在妳扶養孩子、愛慕丈夫、執行工作、監督管理、參與組織活動或是閒暇之餘，都存在著獨一無二的價值。妳所做的事情，以及妳做事的方式，上帝都已應許用祂的能力強化妳，透過妳的行動彰顯祂的榮光。

我母親在身為牧師的年輕妻子時，親身經歷且明白了這個道理。她聽到別人頗為明白地暗示說，她應該達到某些條件才符合這顯眼的職分，她應該要會司琴、領導詩班、投入婦女事工，而且該穿得像第一夫人賈桂林．甘迺迪 (Jackie Kennedy)。那是別人認為她該做的事，但這大多不是上帝裝備或呼召她去做的事，她不可能積極迎合每個人的期望，成功地完成這些事情，因此她沒有試圖去做其他師母做的事，也沒有去迎合每個會友對她的期待，反而決定謹慎找出自己的恩賜，深思熟慮自己該如何

盡全力，為上帝做特定的事。

最終，我母親發現自己「無論做什麼」的部分，而她在那兒才能夠真正經歷「一切榮耀歸與上帝」的喜樂。

讓自己花些時間，想想上帝特別裝備妳去從事的工作，以及在妳生命現階段裡祂要妳（與不要妳）去做的事。可別太專注於妳做不到的事，何不仔細想想要如何善用妳的專長，以汲取上帝的同在與大能？如此一來，無論今天是什麼日子，無論妳現在幾歲，無論此時妳需要什麼，妳都可以作自己，完全相信妳「無論做什麼」，都能滿足上帝的目的，並帶給祂榮耀。

在任何事與每件事上。

還有一件事我要與妳分享，不知妳是否注意到保羅說：「你們或吃或喝，無論做什麼……」，意在勸誡我們不要等著事情變得更重要，才讓榮耀上帝成為我們的優先要務。我的意思是，吃吃喝喝聽起來沒什麼特別的重要性，幾乎沒有比吃喝更慣常、更世俗的例行公事，但在上帝看來，沒有任何事會卑微到不值得我們全心全意奉獻。上帝要我們參與的每件事，每一件小事，都能讓人透過我們或透過妳，看見祂榮耀的發揮時機，因此，此時妳前方的任務可能會帶給上帝榮耀，這就是為何祂將這任務賜給妳。是的，妳的文書工作與電腦事務、妳對婦女特會籌備小組的參與、幫小孩換掉髒尿布、對配偶的小小愛意表示，都是如此。

不要保留自己以等候更重要的事。

不要等到完成學業，找到能讓妳跳槽到更好公司的職位，才願意全心付出。不要覺得等到妳結婚時才算建立家室。等妳成家時，不要等到有小孩時才願意投注心力。不要等到孩子離巢，妳才覺得有空閒迎接下一個挑戰。

要察驗上帝聖靈敦促妳去做的事，相信祂若呼召妳去做就會賜下能力，使妳能在這件事上榮耀祂，然後，此時此地就立即與祂同工，盡心盡力去做。

我從朋友蒂娜身上也學到這個道理，她做事從不半途而廢。當蒂娜著手做某件事，每個人都會知道，若蒂娜答應幫妳，妳就能肯定自己會得到她的鼎力相助。全心全意，盡其所能，她在任何事上，都不相信三心二意這一套。

蒂娜單身，住在一間出租公寓裡。雖然她渴望擁有一棟房子，她卻也能盡情享受自己的小空間，使它充滿活潑的個人風格。儘管這間公寓只是租來的，但她堅持花些心思，將之裝潢成一個家。她重新粉刷牆

> 不要等著事情變得更重要，才讓榮耀上帝成為我們的優先要務。

壁，更新照明設備，添購、裝置一些新家電，使這小角落重新活了起來。

記得有一次我問起，為何她會在多數人根本不願多花一毛錢的地方，投注這麼多心思。她告訴我，自己不願意讓生活中的任何一處，彷彿因為太平凡，而不配得到非凡的注意與鑑賞。她不想等到自己結婚或購屋才開始用心理家，她不想延後為自己與所愛的人創造生活，她不想讓看似遙遠的事情，虧缺上帝的榮耀。因此她就在這間出租公寓裡安居築巢，盡力享受這不甚理想、但卻夠她容身的空間和身處其中的時光。

她的話語與態度，深深觸動我的心。尤其在我隨著其他悼念者經過她的棺木時，更是震驚於她在白緞中了無生氣的身軀，她的過世如此倉促，突然地結束我們的美好情誼。這麼快回到天家，是她自己與我們都始料未及的事，我們心神俱裂，好想念她。但回頭想想，若她像其他人一樣，等到生活更上軌道、更有成就，才開始真正過生活呢？萬一她不想盡力付出，想等到往後才全力以赴呢？

即使妳對目前的生活不甚滿意，但別再等候另一個時機、另一種環境、另一個成就或下一次加薪，才要認真過生活。也許妳想像自己經營一家排名前五百大的企業，而不是當個家庭主婦。但我猜想，或許妳在當下環境裡嫻熟的能力與樂在其中的態度，正是上帝要妳成為日常家庭生活營運長的最佳特質。

全力以赴。

也許妳懷有真摯的熱情想要事奉，並希望自己擁有經濟能力來全職服事，而非必須輪班工作，妳的薪水雖能過活，卻也把妳的時間綁死，還必須忍受午餐時間只有三十分鐘。但別等到妳能夠事奉時才燃起火熱的心，現在這份熱情正是上帝渴望妳讓同事與客戶都看到的。

全力以赴。

也許離婚讓妳孤單寂寞、失去信心，剝奪妳參與教會、學校事務與家庭聚會，那層讓妳感到安心的外殼。但妳知道嗎？上帝的榮光仍在妳裡面，在妳的每一部分裡，妳只要振作起來，就能再次經歷在每件小事上榮耀祂的喜樂。

全力以赴，充分善用妳的恩賜、技能、才幹與能力做好手上的事，就在此刻，為著上帝的榮耀向前行。

拋開妳的烈士情結。即使無人注意到。

即使他們注意到卻不感激妳的付出。

盡力而為，為著上帝的榮耀。

親愛的姐妹，這篇文章即將結束，但在妳讀完後

> 不要成天退坐等待別人把事情做完，妳才要開始動作。

的十分鐘與之後的每個十分鐘，都需要妳全力以赴。不要成天退坐等待別人把事情做完，妳才要開始動作。專注透過今日的呼召以彰顯上帝的榮耀，然後跟隨祂啟示妳、給妳能力，在每一步上都成就卓越。

在任何事、每件事與無論什麼事上都是如此。

勇氣挑戰

- 當妳的焦點是榮耀上帝，這將會幫助集中妳的目標並限縮妳的焦點。仔細就自己的情況來重新思考這句話，並且記錄妳的想法：
- 專注榮耀上帝會如何……
  1. 減輕完美主義所產生的負擔？
  2. 激勵妳全力以赴？

心靈對話

- 妳在哪些任務上總覺得自己還不夠盡力？

• 當妳面臨一項活動，特別是困難又具挑戰性的活動時，明白了解上帝一定會賜妳力量來榮耀祂，這將會帶給妳什麼樣的激勵？

唯當我有氣息

我們全家已經成了旅行專家，基本上我們已精熟如何輕鬆打包簡便行李，並迅速找到機場，不管是搭乘飛機，甚至是帶著孩子們同行，都已經完全不像以往那般困難。我們幾乎已經建立一套標準流程，我的孩子對於飛機與機場，已經熟悉到可以開始模仿空服員的動作與起飛前的誇張廣播，就是妳聽到的那種……

- 「當『繫好安全帶』的指示燈亮起時，請繫好安全帶。」
- 「收起桌面並豎直椅背。」
- 「若你坐在緊急出口的位置，而不希望在緊急事故發生時採取上述行動，請聯繫我們空服員為你更換座位。」

但對孩子而言，最好笑的時候就是在空服員起立示範動作，拉出黃色桶子旁兩條繩子上出現的透明塑膠袋，並說：「當緊急事故發生時，氧氣罩會自動掉落在你面前，若你與孩童（或像空服員說的，任何行為像小孩的人）一同搭機時，請先戴上你的氧氣罩，再幫助其他人戴上。」

這點讓我的孩子很不服氣，他們質疑：「為何大人可以先戴氧氣罩？」看來他們認為應該孩童優先（還真是典型的小孩）。我盡力解釋道，這是因為幫助他們的人必須先行有餘力，才能幫助他們。好比我若因為缺氧而昏迷，就無法給予他們應得的照護。

妳呢？當妳在試圖確保每個人都得到足夠的照顧時，自己是否因為缺氧而瀕臨窒息？

我在前面三章鼓勵妳對人盡心付出，但如果妳已經一無所有，那就不可能付出。疲勞欠安的身體沒有力氣撐下去，遲鈍的技能與疏於照顧的心智能力，無法讓妳有能力充分照顧家人和妳所愛的人。疏於照顧靈命或是不去留心上帝的話語，則會讓妳像洩氣的皮球，缺乏聖靈的指引與聖靈的果子，使妳感到心力交瘁而無法再付出更多。

因此，花時間照我說的「**好好照顧自己**」並不是種奢侈，而是每個渴望定下這份決心的女性不可或缺之必需品。如果妳不能悉心照料自己，那妳永遠也無法表現到最好。

我深知這在實行上的難處，因為時間好像永遠都不夠用，把時間留給自己甚至看來非常自私，尤其若妳是兩個孩子的單親媽媽，或是妳先生時常在外出差，孩子有特殊需要、上有年邁父母，甚或肩負重任的單身專業人士。各種情況不勝枚舉，不是嗎？無論妳屬於哪種狀態，都可能使妳無法擁有自己的時間。

在本章開頭，當我要妳重新安排妳的箱子時，我幾乎可以預見，裝著個人滿足的箱子，大概會被妳重新擺在最後一個順位。通常當我們開始計劃為生活打拼時，就會疏於照顧自己，許多女性從小被教導著或自認為，這是我們善用時間、擠壓每一分鐘所付出的必要犧牲，因此只要一想到要放鬆片刻、恢復精神時，罪惡感就油然而生。

但請妳停下來想一想，如果好好照顧自己將會影響未來的人生，為何不能將照顧自己，視為善用時間的最好方式？

我知道不是每個人一星期都能花半天去做精油按摩或開心逛街，也不可能每天下午都有時間與姐妹淘共進午餐，這對多數人而言，在時間與金錢上都不可行，而且我也不是在鼓勵妳要用這種方式寵愛自己。

然而，我要說的是：如果妳沒有氧氣，就會窒息。常說「我都可以搞定，別擔心，我沒事，謝謝你」的親愛朋友啊，這才是真理。

因此……

妳能參與哪些讓妳恢復元氣的簡單樂趣？許多人甚至已經不知道何謂簡單的樂趣。

對我而言，在每週購買家用品時獨處片刻，或在孩子就寢後與朋友溜去看場電影，就是我舒緩身心的方式。比孩子早點起床，利用晨間靜默時間去慢跑或禱告三十分鐘，總能使我煥然一新。有時，午後的安適寧靜令我昏昏欲睡時，我也會在兩歲兒子睡著後小睡半小時，而這總能有奇妙的功效。

隨著年紀漸長，人們也建議我，必須要考慮身體需要的改變。十年前能讓我充滿元氣、精力充沛的養生之道，已與現在不同。這表示我必須重新思考自己近年來的飲食習慣、攝取的維他命，還有一直固定諮詢的專業健康顧問。此外，我還要努力不讓生活的忙碌，踐踏上帝賜予我的熱情。無論何時只要能力所及，我就會從事能幫助自己繼續成長進步的活動，並持續留意相關領域的資訊。

如何才能幫自己吸取氧氣呢？這無須是昂貴或耗時的特定活動，例如晚餐後去散散步，去朋友家喝杯茶，拿起放在床頭已久的小說來閱讀等，都是不錯的選擇。或是比平常早十分鐘到公司，在開始工作前與上帝獨處，通常安靜片刻就是妳重新得回所需的動力、讓妳重新專注手上工作的小祕訣。或是如果與朋友團聚能讓妳重新得力，那就籌備和朋友短暫出遊也是個很好的選項。

如果需要，妳可以設定倒數計時器。現在就去做吧！

基本上，如果妳要保持清醒，要保持氧氣在一定水平，妳就必須不時休息一下，這的確是無法否定的事實。我不是要妳脫離目前的生活去休息，而是要為了繼續生活而去休息。如果妳與人同住，妳有丈夫或是室友，請他或她確保這些小憩時間成為妳生活規律的一部分，如果實在沒人幫妳分擔家務，我常想是否教會裡的人能夠幫忙妳。舉例而言，教會也有許多媽媽和妳一樣有時間上的限制，那妳們可以偶爾安排幫對方照顧孩子兩小時，好讓妳們其中一人能夠獨自去辦些事？

甚或，如果有單身姐妹想真正了解為人妻與為人母的生活？也許她可以來妳家幫忙，讓妳有足夠時間從事恢復精力，或者帶給妳成就感的活動，她也能實際演練一下，以獲得真正的體驗。

又或許妳與朋友住得很近，妳們倆就可以安排一些搭伙計畫。像是某一晚妳正在準備晚餐，那何不多煮一些分享給對方的家庭，好讓另一個媽媽能夠善加利用本來要預備晚餐的時間？妳們可以輪流煮飯，讓雙方都能從這輪煮搭伙中受益。讓我們運用創意想想，如何能善用這類零碎時間，為自己把握片刻稍作休憩。

單身姐妹們，我要提醒妳們不要只因為妳是單身，就以為妳不會有本章的問題。我認識一些最手忙腳亂的人，就是單身女性。因為少了已婚女性可能會有的個人限制，妳也許就會掉以輕心地讓自己過勞。妳會前一天晚睡，第二天卻更早起，妳比任何人都忙碌，參加許多活動，但卻無法全心付出，妳始終都非常疲倦，沒有把握最主要的呼召，更可怕的是，妳正在養成日後會隨著妳進入婚姻的生活模式。真的，專心照顧好自己，將會幫助妳養成一生都有益的生活習慣。

我常聽到夫妻能給孩子最好的禮物就是健全的婚姻，然而在日常生活的育兒挑戰中，最困難的就是**花時間與丈夫相處，建立友誼、享受彼此陪伴、保持熱情**。這對身為女人的妳亦是如此，妳能贈與所愛之人的最佳獻禮，就是好好照顧自己，即使這可能是妳最難視為優先要務的事情。

然而，若妳把自己搞得精疲力盡，試圖事必躬親又從早做到晚，妳就是在試圖扮演上帝。過度工作也是一種不信，因為妳正在透過行動訴說著，妳不相信上帝能照管一切，這表示妳已經掉入了忙亂的圈套。但是扮演上帝實在太累了，畢竟，祂是唯一能勝任這

> 妳能贈與所愛之人的最佳獻禮，就是好好照顧自己。

個職分的上帝。

從生活中退一步，重新檢視；並問問自己：

「我要什麼時候戴上氧氣罩，好讓自己能……深呼吸一下？」

勇氣挑戰

• 當妳藉著簽名來下定決心時，妳就是選擇絕對不放任完美主義挾制妳的生活，妳正立定心志，審慎思考上帝在妳生命這時節訂下的優先要務，並檢視祂為了此任務，賜予妳的特質。妳正領受這份決心，作為專注今日工作與全心投入的邀請，妳不再把照顧自己視為羞愧的事，而是將它視為讓妳更熱心服事人們的必要裝備。好好思考妳在前一章記錄的筆記，帶著信心作下決定。

克盡所能

我定意要盡力而為，奉獻我的時間、才能，
好好扮演主耶和華在我生命現階段託付予我的首要角色。

實證者簽名

一定意要用我的時間、關心來祝福他人

禮物

在我拿到大學學位後，我馬上就成為金克拉公司 (Zig Ziglar Corporation) 的簽約講員。對我而言那段期間是個很好的形塑期，充滿獨特的機會，使我受教於一些非凡的主持人。我是團隊中最年輕的，因此當我看著這些經驗豐富的講員時，我都非常專心謹慎，我會研究他們的手勢、如何善用講臺、如何吸引觀眾的注意力。

特別記得有一次，我聽見團隊一位最資深、最成功的講員，傳講一則已經聽過幾百遍的信息，我幾乎可以在他說話之前，就告訴妳他即將要說出的每句話。然而，在他的演說尾聲中提到一句話，前所未有地影響了我。就在他一小時的演說結束後，他要回到位子上之前，壓低聲音、環顧直視觀眾的眼睛，說：「我知道你所能贈與一個人最好的禮物，就是你的時間。今天謝謝你們給我這份厚禮。」

時間。傾聽。一份禮物。

我從未忘記這點，每當我站在觀眾前方的講臺上，我內心都牢記著這句話。當人們將耳朵給了妳，他們就是把生命中的某個片段給了妳，永遠也無法收回，那是永遠無法收回或撤銷的禮物。

但這不只適用於觀眾聆聽講員的時候，也適用於任何一個人在傾聽另一個人說話之時。我們每天都身處如此狀況中，讓自己完全進入別人的對話裡，壓抑自己思想與作息中的喧嘩，以集中心力對待說話的人，給他們這萬中選一的禮物，那禮物就是我們自己、我們的時間。

傾聽的禮物。

仔細回想，上次有人專心聽妳說話是什麼時候？我指的不是妳上一次開口說話的時候，而是上一次妳覺得對方真心傾聽妳說話的時刻，這兩種情況非常不同。妳可能很難迅速地想起這樣的經驗，感受到對方真的將心思全神貫注在妳身上，專心聆聽妳要說的話。但當妳回想起來時，妳會看見對方專注的眼神，那張妳深深感謝之人的臉龐，那位真正知道如何令對方倍感珍視與接納，被愛、被肯定的人。

這是為什麼呢？

這就是傾聽能夠產生的神奇禮物。而這份禮物又創造出其他禮物：肯定自我價值的禮物，意義深重、成就個人滿足的禮物，這些都是我們企盼讓人知道且渴望給予的禮物。

唉，但這些禮物何等稀少！我們鮮少領受過，更遑論能夠贈與出去。多數時間我們如此專注在自己身上，只想到自身的感受，竟讓所有對話最後都變成在談論自己與自己受到的影響。我們從語法上描述對方說的話，依照自己的意思解釋，試著解決對方的問題，只要一有插話空檔，就依照自己的意念插嘴，要把注意力引回我們身上，讓對方注意我們的經驗與意見。即使本是好意，但在如此盡力要讓對方聽見我們說話時，就無法保持專注來聆聽對方。每次一分心，就是在向對方表達，自己不但對他的話題不感興趣，對他本身也沒有興趣。

真的，我們不專心傾聽時，所透露的訊息實在很多。

這正是為何傾聽這門深奧困難的學問，對人們而言是個寶貴的祝福。當有人與我們說話時，能夠明白我們尊榮他這個人，一切就盡在不言中。

妳生命周遭的人們難道不配得這些祝福嗎？例如妳的丈夫、孩子、父母、朋友？

他們難道不配在與妳相處時，感受到力量與鼓勵？即使妳無法給他們金錢，無法完美解決他們的問題，或無法給他們一份工作減輕他們的憂慮與絕望，但妳仍然可以讓他們在妳的陪伴中，感到一股溫柔的力量與支持。無論是朋友、家人還是陌生人，那些妳可能在趕時間輕易擦肩而過的人，當妳看著他們的雙眼，就是在與他們分享祝福，每一天的祝福。

耶穌必定深知這種祝福的力量。祂在世時總是將自己的注意力獻給最不重要、最不起眼的人。依常理而言，耶穌這位世上唯一全知的人，應該無須傾聽任何人說話，但祂卻選擇在許多情境中停下來、等候、傾聽，在自己開口前將注意力全心給予對方，甚或在對方誤解祂、口出穢言褻瀆上帝時仍是如此。

祂也聆聽撒瑪利亞婦人聰明的閃躲與遮掩（參閱約翰福音四章4—30節），祂聆聽彼得與其他門徒憤憤不平地吹噓自己絕不會不認主或背棄祂（參閱馬太福音廿六章31—35節）。祂甚至在耶利哥城附近擁擠的街上，從人們哀哭的吼聲中，聆聽到一名盲人的呼求（參閱路加福音十八章35—43節）。

我們根本不該訝異。因為這跟耶穌的性格如此一致。整部聖經裡，我們看見上帝垂聽祂的子民，祂聆聽灰心又不耐煩的祭司哀聲控訴著（參閱哈巴谷書一章1—11

節）；祂聆聽無故經歷災難之人的一連串問題（參閱約伯記三章1—26節）；祂聆聽摩西擺出一堆藉口，說自己為何沒資格與法老衝突（參閱出埃及記三章1節—四章13節）；祂也聆聽苦毒失格子民的抱怨指責（參閱約拿書四章1—11節）。

傾聽是祂祝福我們最意義重大的方式，因此可以想見，那也是我們應該用來祝福人們的關鍵方式之一。我們要選擇傾聽，要抵擋批評、侮辱、嘲笑，或語出譏諷的衝動，要對抗時間與急迫的壓力，以及想要逃脫的渴望。只要安靜地、堅決地、有目標地傾身靠近。

傾聽。

這是妳的禮物，這是妳的祝福。

將它贈送給任何一個妳可以贈與的人。

勇氣挑戰

- 今天開始對妳周遭的人操練「傾聽」的功課，並要下定決心，時時來到上帝面前等候、傾聽主的聲音；當妳如此做，記錄上帝在妳生命中的變化與作為。

心靈對話

- 對妳而言，傾聽最困難的部分是什麼？
- 回想上次妳覺得對方真正傾聽妳的時刻。製作一張形容詞表，描述那段互動讓妳對自己所說的話有何感受？
- 如果妳花時間傾聽，在妳生命中有誰受益最多？

噓

十多年前，在我即將邁入婚禮與婚姻之際，我看見這段有關智慧的定義：**明白要說什麼，與明白不要說什麼。**

在我聽過各類夫妻新婚指南與婚前建言中，這段簡單的陳述彷彿躍然紙上，挑戰我、批判我、重新引領著我。甚至在今天、在此刻，我也因為它的簡短與洞見深受震撼。

它仍在對我說話，告訴我智慧通常就顯明在沉默中。

當然，這也不是什麼最新發現。我母親就曾對我說過類似的話，至少在我青春期常不經大腦地多話時曾對我說過。「普莉希拉，」她說：「妳不必把腦袋裡想的每件事都說出來。」但我母親，當然，也不是第一個對我說出如此金玉良言的人。早在我進入青春期之前，當然也在我涉險進入婚姻、成為人妻之前，一個大有智慧的人就已經把下列話語記載在聖經中：

多言多語難免有過；禁止嘴唇是有智慧。（箴言十章19節）

這類觀念已經聽過許多次。我知道謹慎與適時發言所蘊藏的美德、能力與智慧，我完全明白最強大、驚人的表達方式，**就是沉默**。

但我並非總能活出這種美德。

我清楚記得，有一次傑瑞與我到洛杉磯主持特會時，來機場接機的是位白髮紳士與他的妻子。從機場到住宿地點的路上，我們開始聊到屬靈的話題，這位紳士提到一節與話題有關的聖經經文，那恰好是我在飛行途中讀到的經節，因此當他特別提到經文出處時，我立刻知道他說得並不正確。

「我認為那是哥林多前書第三章，」我糾正他。

「不對，」這位輕聲細語的仁慈男人，透過後照鏡自信地回答我，「這絕對是哥林多後書第四章。」

我靜靜地翻閱聖經，發現那句經文就在我早就知道的地方。然後，我未經思考就把聖經拿到後照鏡他目光所及的位置，指出他顯然說錯了，「是哥林多前書

> 智慧通常就顯明在沉默中。

第三章。」

我贏了。

當時的我，不到廿五歲，選擇去挑戰一個恩慈到邀請我這種黃毛丫頭到加州的七、八十歲老人，還與他較量經文出處！我沒有保持安靜讓這位貼心的紳士維持面子，反而硬要說話，幾乎破壞了這整趟車程的氣氛。

當傑瑞與我終於獨處時，他問我：「為何妳要那麼做呢？為什麼妳一定要知道自己是對的呢？」我不知道。我只知道我們每個人都有一、兩次（或二十次）這類經驗，如果保持沉默能夠讓所有人免於受傷、困窘與後悔，我們的靜默本可以防止痛擊對方或造成關係緊張。

沉默是我們的朋友。沉默是我們的力量。

我當然不是說不該仗義直言，或應該改變自己的個性特質，只是也許不需要在這本書中讀到更多教導我們能言善道的字句了，請捫心自問，我們早就已經很能講了，不是嗎？通常在我們遇到需要意見、決定或打破尷尬時，最不會想到的以沈默作為解決方式，但明白沉默的智慧及力量，才是我們在本書中最需要討論的篇章。

相對於破壞、阻礙的方法而言，沉默是我們更加穩重、發掘成熟，以及上帝差派我們對人產生影響力的方式。當我們在不恰當的時機「知道要說什麼」卻「不說出口」，會使我們在恰當的表達時機時，讓話語產生更大的祝福。

一個女人若能快快地聽，就能在作出反應之前先收集好所有資訊，她會抗拒想要馬上脫口而出所有想法的衝動，選擇先聽人分享，作好準備後才提供解決之道。當她說話時，她的建議與評估明智而清楚，周到又果決。於是聽她說話的人會明白，他們聽到的不是隨隨便便的回答，他們興奮地聆聽，渴切地準備好要聽妳說話，因為知道「義人的舌乃似高銀」（參閱箴言十章20節），他們明白妳話語是寶貴、珍重、值得一聽，且是滋養、啟發並使人得益的話語。

我知道妳曾遇過如此非凡的人，那些擁有驚人智慧的正直女子。就像我一樣，妳也渴望成為坐在餐桌主位上不發一語，卻藉著耐心與穩重，充分展現寧靜力量與平安智慧的女性。妳不會陷在三姑六婆的八卦網裡，因為那些對話不是為了解決問題，而是茶餘飯後的閒聊，只是「他說……她說……」的一陣騷亂。妳會持守自己的立場，明白「口裡愚妄的，必致傾倒」（參閱箴言十章8節）。

是的，想像自己成為那樣的女子，那些早已不再渴望取悅他人或成為注意力焦點的人。妳在那個境界，將會得著安適與自由，不再被驕傲與偽裝捆綁，不再不由自主渴望別人注意妳，或硬要在團體中出風頭。妳心懷謙卑地欣賞他人，滿足於像其他人一樣好好當個參與成員，妳不認為自己總是正確而別人都是錯的，彷彿妳無所不知，妳只是傾聽並學習，深思熟慮，權衡等待。

這就是智慧。這就是力量。

這就是新約雅各書所說：舌頭的力量。能夠勒住、約束並限制口舌撒野本性的人，才能擁有品格上絕對、穩重的力量，「原來我們在許多事上都有過失；」雅各告訴我們，但「若有人在話語上沒有過失，他就是完全人，也能勒住自己的全身。」（雅各書三章2節）要取得駕馭言語的力量，就得像汪洋裡度過驚濤駭浪的船長，策略性地運用大船上的小船舵，繪出航程最終的目的地，安然上岸。

沉默的祝福，願我們都能學習它、愛它，並活出這份祝福。

這是我們的決心。

勇氣挑戰

- 花一、兩天來試試看，刻意不要說出一些不如不說的話。任由他人撒出刻薄或不當的言詞誘餌，卻讓它們石沉大海而得不到妳的回應。記錄妳對自己的觀察與周遭人際關係的改變。

心靈對話

- 若妳開始操練屬靈上的自律靜默，生活中有那些方面會立即獲得改善？

最深處

小時候，我和姊姊克莉絲蒂共用一間房間，那是間二十呎乘以三十呎的空間，兩張單人床面對面。我的床就在哥哥弟弟們房間的共用浴室旁，晚上我們在睡覺前會關上門，以免受到隔壁房間的打擾（妳知道的，男生房間都是這種狀況）。

我清楚記得，每天早上日出時我都會看見的相同景象，但有天早上起床，抬頭看向浴室門框時，卻注意到以前不曾出現過的東西：一條細微的裂痕，從門上約兩呎高之處向上延伸到天花板。

真奇怪。

當我父親發現這條裂縫時，他找了油漆師傅前來檢查。油漆師傅來到我家把一些灰泥抹在上面，然後漆上他能找到最接近的顏色，幾星期後，我上床睡覺，就會看到門上那道不同的顏色。

有一天我醒來，發現那道裂縫又出現了，這一次還不只一條。原先的裂縫顯然把這種安排推薦給它的裂縫親戚們，因為其他細溝都與它相連接，牆上現在大約有六條各種形狀的裂縫。

當另一位油漆師傅前來查看這些裂縫後，他告訴我父親，光是重新上漆還不足以解決問題。他解釋，裂縫之所以出現，是因為房子的地基已經移位，無論塗上多少油漆來遮蓋，裂縫還是會再次出現，而裂縫只是更嚴重問題的症狀而已。

改正這個問題的唯一方法，就是處理房屋地基。

我說過我們應該操練克己去傾聽他人說話，預備體貼而謹慎的回應，以成為人們的祝福，但這件有關於裂縫的往事，讓我想起這份決心對許多人而言有多麼困難，而且我要大膽地說，不只是許多人，更是絕大多數人。

甚至更精確地說：我這個人。

我很確定，控制自己的舌頭需要長期累積的成熟態度，在生命旅途上，我發現用嘴巴所造成的裂縫，其實只是更深層、更個人的問題症狀，而且更難對付。那在表面之下，遠比嘴巴的問題還要更深層。

……因為心裡所充滿的，口裡就說出來。

（路加福音六章45節）

結果，我的嘴只是一種氣壓計，顯露出我是否全心謙卑並遵從上帝的話語，抑或是我的靈頑梗地拒絕順服上帝話語的智慧。

這是根本上的問題。

列出清單來檢視自己口舌的紀錄，是一種能找出隱藏問題點的建設性方式。讓我們一起來試試：

- 症狀：妳是否常常很快地作出立即性的評論，一有機會就要在對話中插入妳的看法？

 診斷：這顯示妳心裡有一絲傲慢，使妳覺得必須給人留下深刻印象，或成為注意力焦點。

- 症狀：妳的言詞中是否一直帶有批評與貶低人的態度？

 診斷：這通常代表妳缺乏安全感，也對自己的價值觀不甚確定，還代表妳的內心充滿怒氣與論斷。

- 症狀：妳是否發現自己常與配偶爭執或與人不合？

 診斷：妳內在缺乏和睦合一的靈，沒有真正渴望穩固人際關係，反映基督的榮耀。

- 症狀：妳是否很喜歡閒話八卦，甚至連鋼鐵般的自我意志也無法阻擋妳？
診斷：妳把別人的問題與困難當成娛樂，不認為他們需要妳的幫助、代禱與情誼。
- 症狀：妳的言語是否經常顯示出懷疑不信？
診斷：妳內心缺乏信念與信仰的部分，沒有堅信上帝具有能力與智慧，處理妳生命細節與時節的安排。

妳嘴唇發出的話語就像牆壁上的裂縫，顯示地基出現的問題，「因為心裡所充滿的，口裡就說出來。」這絕對是千真萬確的。

耶穌在這節經文中使用「心」這個字，意指人的內心，也就是我們的思想、態度與信仰的建立之處。心靈就像水庫，裝有各種態度與信仰，我們將這些東西一一安置在水庫中或任由它們漂來漂去。那裡存有真實自我的核心價值，塑造了我們的形象，因為它直接連結於我們持續不斷的習慣與行動。

就像湧出的洪水會從水壩潰堤而出，就像爆米花會從鍋爐上噴發出來，我們內心的東西也會無可避免地相互擠壓，還需要更多空間來膨脹，最終溢入我們的言談及對話中。無法克制，也無法攔阻。

舉例而言，當我與兒子們在車上時，他們可以馬上偵測到一路上經過的每間麥當勞，總會用盡各種方式告訴我，他們看見這些速食餐廳了，甚至當金色拱型商標還在大老遠時，我的小孩就好像有雷達似地提醒他們速食店要到了。這是為什麼呢？因為那是他們所愛的。

漢堡與薯條的案例，同樣適用於我們內心的事物：那些隱藏的愛意、慾望與傾向，都會暴露在對話中。

聖經指出，我們心中的意念為「所存的善惡」。

善人從他心裡所存的善就發出善來；
惡人從他心裡所存的惡就發出惡來。
（參閱路加福音六章45節）

「所存的」(treasure) 在聖經原文中，意義同於馬太福音第二章，博士盒子裡放的珍寶。他們之所以能拿出這些珍寶獻給耶穌，就是因為他們把那些珍寶都存放在盒子裡，同樣地，珍寶的種類無論好壞，都會從我們的心中流出，進入對話、反應、動機與各種表達之中，而這些都決定會結出傷害抑或祝福的果子。

因此，我想問妳……

妳心裡放了些什麼？妳積存了那些財寶？

如果妳不知道，只要好好聆聽內心的聲音就可以找到答案，因為妳的言語、口氣與主題都會告訴妳，這就是為何妳務必要留心這節經文的金玉良言：

你要保守你心，勝過保守一切，

因為一生的果效是由心發出。

（箴言四章23節）

妳必須保守妳的心，確保自己不會受到任何事物的汙染，阻礙妳成為基督樣式的使命。妳愈浸潤在上帝的話語與祂所教導的真理中，妳愈有望擁有一座深闊水庫，注滿能調和妳話語的智慧、恩慈與謙卑。

因此，妳要保守妳的心，它才不會變得剛硬（參閱箴言廿八章14節）、油嘴滑舌（參閱詩篇十二篇2節）、眼高心傲（參閱箴言廿一章4節）或骯髒不潔（參閱詩篇五十一篇10節）。務要追求對聖靈敦促敏銳的心（參閱羅馬書八章5節），一心一意為祂奉獻（參閱詩篇八十六篇11節）、心存謙卑（參閱箴言廿二章4節），並在上帝面前清心（參閱馬太福音五章8節）。「凡事不可結黨，不可貪圖虛浮的榮耀；只要存心謙卑，各人看別人比自己強。各人不要單顧自己的事，也要顧別人的事。」（腓立比書二章3－4節）

一位內心充滿感恩與謙卑，堅信上帝愛她，以及真心珍惜周圍人們價值的女子，會釋放謙和，使人在與她對話的過程中得到更新。大家會渴望擁有與她相伴的喜樂，因為知道她重視他們的幸福，尊重他們勝於自己，她會樂意聆聽對方，謙卑地奉獻自己存放在珍寶盒中的經驗和智慧。

因此在妳禱告思想後簽署下一個決定之前，請了解這不僅是管住舌頭而已，還要約束妳的心，任何控制言語的機會，都必須由基本開始，也就是找到真正形成裂縫的基礎。

唯有在最深處，才能真正找到突破點。

勇氣挑戰

• 在妳準備下定決心之前，描繪出生活中最需要領受這項恩賜的人，以及經常攔阻妳付出這項恩賜的障礙。在簽下名字之前，想想自己必須作出什麼改變，才能「快快地聽，慢慢地說」。例如，妳是否必須關掉一些科技產品，好讓對方覺得自己受到尊重，表現他們對妳的重要性？要甘心樂意地作出一些實際而必要的調整，才不會讓這份決心只是被「擱在架子上」，永遠無法實現。接著，當妳準備就緒，帶著禱告的心唸出以下的聲明並簽名。

我的祝福

我定意要快快地聽，慢慢地說。
我定意要關懷他人的憂慮，尊重他們更甚於自己。

實證者簽名

定意要饒恕他人對我的傷害

內傷

有天，當我窩在沙發上觀賞最喜愛的醫院影集時，有一段劇情立刻吸引我的注意：數十名傷者在經歷一場死亡車禍後被送到急診室，因為有太多傷者而令醫護人員手忙腳亂。在這群病患的騷亂中，有一對好朋友都遇到這場車禍，其中一位似乎沒事，但另一位顯然已經瀕臨死亡邊緣，全身被包紮著，而且還需要緊急手術。醫護人員趕到她身邊幫她急救，迅速查看她的傷勢以決定必要救護措施，同時護士也預備檢查另一位傷勢較輕的女子，想要確定她並無大礙，但由於她更擔心好朋友，因此拒絕了檢查。

接著，劇情繼續上演這場災難中的各種事件與創傷，攝影機不斷拍回這位擔心欲狂的女子。她在朋友的床邊禱告，還不斷召來醫生與護士，要求給她身陷痛苦的朋友止痛藥與協助。她用手機打給家人，不時地對著她半昏迷的摯友說話，只希望能陪伴著她。最後，當這位重傷的朋友情況轉為穩定，她鬆了口氣，開始用自己活潑迷人的個性與機智來逗醫護人員開心，一切都轉憂為喜，不僅她的朋友情況好轉，她自己也是。

接著，突然間毫無預警地，她昏倒了。

就像她朋友那樣。

我傾身坐著，呆若木雞，就跟影集裡的其他醫護人員一樣。那些幾秒前才一邊救治著她朋友，一邊因為她笑話而開懷大笑的資深專業醫護人員，現在聚集在這位女子身邊，迅速地進行她迫切需要的救治。

但一切救治都宣告無效。

六十秒過後，她死了。

過世了。

最後，法醫的X光報告顯示，她在意外中受到內傷、產生內出血，在醫院的一整天裡，儘管她自己與醫護人員都沒發現，但她的生命正在慢慢消逝。在這關鍵的幾個小時中，她原本可以輕易獲得治療，但她不知道自己的傷勢嚴重，全副精力只放在朋友身上，渾然不知自己也在與死神搏鬥。

其實，這段故事生動地呈現拒絕饒恕他人的內在傷害。它何等不易察覺，埋在外表的愉悅與笑聲之下，我們投身活動與忙碌中，以免去想到那些傷痛，以致只想著別人的需要，而不是關心自己需要的手術。如果一直在表面層次動手術，處理外在問題一把罩，卻讓疾病與騷亂於內在不斷翻騰著，最後必會對我們的靈魂造成重創與腐爛。

「當自己省察，」使徒保羅不只一次，而是兩次在新約兩部書卷宣告著（參閱哥林多前書十一章28節；哥林多後書十三章5節）。不要總是花時間試圖改正他人，而要深切檢視，想想自己內心有什麼地方正發炎化膿，也就是聖經說的「苦毒的根」（參閱希伯來書十二章15節），是否生長在妳內心的土壤裡，正發出憎恨的芽根，影響到生活中的所有層面。

在往後幾頁，我們要啟程前往饒恕的道路。也許這不是妳現在最關心的問題，而想要跳過這部分，但我鼓勵妳與我一起堅持下去，因為這份決心最有可能在妳日後的生命中產生益處。然而，如果妳光是想到這個主題，心中就產生了特定的巨大痛苦，那麼更要預備自己，好好面對這可能是妳生命中最艱難、但卻最有價值的冒險。

顯然幾千字是無法妥當地論述這個主題，更不用說去涵蓋它，但讓我們至少稍微花點時間，仔細檢視內在。不要拼命拿放大鏡檢視別人，檢視那些傷害我們或讓我們覺得好過一點之後，就當作什麼事都沒發生的人，反而是願意拉扯出內心懷有的憎恨、裝滿不饒恕的容器，不讓它再繼續對我們的內心釋放毒素。

讓我們「檢視」自己吧，當我們願意這麼做，就能通往醫治的路。

就能真正活著。

真正活出美好的生命。

勇氣挑戰

- 如果妳不覺得自己有饒恕方面的問題，就列出一些實際方法讓妳能繼續保持「又要謹慎，恐怕有人失了上帝的恩；恐怕有毒根生出來擾亂你們，因此叫眾人沾染汙穢。」（希伯來書十二章15節）

心靈對話

- 妳是否很容易去在意別人，而非檢視並照顧自己的屬靈需要？若是如此，這在妳生活中代表什麼意義？
- 禱告並思想：妳是否對誰心懷怨恨？妳看見這種情況對自己的生活產生什麼影響？
- 翻開聖經選擇一節來閱讀研究「饒恕」的意義：
  1. 馬可福音十一章25－26節：定期在禱告中與人和好。
  2. 馬太福音六章14－15節：思想饒恕他人與上帝饒恕我們有何關聯。
  3. 希伯來書十二章14節：追求與眾人和睦所湧流的祝福。
- 關於苦毒：
  1. 以弗所書四章31節：對付苦毒的最好方法就是除去它。
  2. 希伯來書十二章15節：如果沒有連根拔起；苦毒會產生的後果。
  3. 箴言十四章10節：心懷苦毒的痛苦。

全部清除

我很喜歡仔細欣賞書的封面，但自從孩子出生後，我便鮮少擁有閱讀時間，現在的我倒是很喜歡走進書店，隨意瀏覽架上是否有吸引我注意的作品。

我曾經因為一本書的封面令我印象深刻，而把它列為最愛書籍之一。那是一本朋友寫的書，因為想要讓我先一睹為快，所以直接寄來給我。從我打開牛皮紙袋的當下，我就深受吸引。

這本書名叫作《選擇饒恕》(Choosing Forgiveness)，作者是南西・雷・德摩斯(Nancy Leigh DeMoss)，書上簡單卻令人驚豔的封面設計，正好符合我對精美書封喜好的胃口。書名的正上方是電腦鍵盤的一部分，就是那些常用字鍵，每個鍵上的模糊影像幾乎都可以辨識，然而，在書封的正中央，有個鍵比其他部分都還顯眼。那個清晰、粗體而突出的字樣，是個具有特定含義的按鍵。

刪除鍵(Delete)。

喔，我明白了。圖像要表達的意思並不難理解，「選擇饒恕」很像在妳的電腦上按下刪除鍵，刪除我們生命中曾寫下意外與無法接受的行動。「饒恕」表示作下決定向前邁進，寫下人生下一個篇章，卻不去混合上一章所留下的毀壞殘渣。按下刪除鍵是個選擇，一個決定性的選擇，更要每天持續一大堆微小卻同樣重要的刪除決定，不再繼續抓著覆水難收的過往。

甚至在此刻，當我坐在這兒，腿上放著筆記型電腦，寫下這些話語給妳，手指敲著突起的鍵盤時，我也何等感恩自己的右手小指只要微微一伸，就能按到那小小的刪除鍵。如果我不小心打錯字（這太常發生了），卻忽略刪除的必要性，不僅自動糾正系統會一直緊抓著那些細小錯字不放，文章的整體性也會受到那些沒清除的錯誤所汙染。由於我沒有刻意從螢幕上清除錯誤，我將無法表達自己真正要說的意思，還容讓那些小錯誤陰魂不散地造成更大問題。

因此我提醒妳要記住這個小小比喻。

這個刪除鍵。

妳知道我的意思。**饒恕它，了結它。**

妳知道這是正確的決定，即使這是妳最不想做的。

就像我們很難抹去其他人在妳生命中烙下的傷害，更困難的刪除鍵，就是清除自己犯下的錯誤紀錄。**有時妳能正當地饒恕別人，但似乎永遠也無法饒恕自己。**

我最近與一群二十多歲的女性參加一個由影響力運動事工（The Impact Movement）舉辦的特會，該事工的目標是要接觸大學裡的非洲裔美國學生。在一場只有女性參加的特會中，我開放提問時間，告訴年輕女孩們，如果有任何問題儘管發問。

一位害羞的女生，像是厭惡自己般地垂著頭，從位置上站了起來，問了個簡單卻極為震撼的問題：「妳要如何饒恕自己？」

在場其他女性馬上把目光從她轉向我身上，傾身專心聽著，完全感同身受她問題的緣由，急切渴望有人能給她們一個答案。

妳是否也絕望地渴求有人給妳答案？

也許妳幾年前選擇了墮胎，也許妳造成一樁意外事故，也許妳無意中引發一場混亂，也許妳錯失機會而使自己虧錢、苦惱、悔恨到妳根本不願去回想那件事，也許妳做盡一切討人厭的行為，讓人根本無法與妳和睦相處。妳無時無刻都在想著這些事，妳似乎永遠無法饒恕自己，就像這位女子一樣。她過往的錯誤清晰縈繞著她的肩頭，逼迫她承受只有過往錯誤才會造成的沉沉重擔。

在這裡我同樣也想與妳分享這個道理，我回答她：個人是不可能有饒恕自己的能力。妳做不到，也沒人做得到，但妳無須為此灰心喪志，因為聖經上沒有任何一處告訴我們，這是我們應當做到的事。

再聽一次：聖經並未告訴我們要饒恕自己。

我明白罪惡感是種可能會無中生有的情緒，若要摒棄罪疚感，就要為了當初做了或是沒做的事情而認罪悔改後，刻意實踐出有意識的信心行動。甚至在妳感受到這股深切的悔恨時，也必須有意地宣告，自己的心靈與頭腦已經復原、更新。然而，其實妳沒有饒恕自己的責任，甚至沒有如此的能力。

這是上帝指示我們順服的真理：

因為世人都犯了罪，虧缺了上帝的榮耀；
如今卻蒙上帝的恩典，因基督耶穌的救贖，
就白白地稱義。
上帝設立耶穌作挽回祭，是憑著耶穌的血，
藉著人的信，要顯明上帝的義；

生命中最困難的刪除鍵，就是清除自己犯下的錯誤紀錄。

因為祂用忍耐的心寬容人先時所犯的罪，好在今時顯明祂的義，使人知道祂自己為義，也稱信耶穌的人為義。（羅馬書三章23—26節）

結論就是：饒恕，是基督遭受可怕的死亡磨難才賜給人們的。祂的工作做得如此完全，使祂能對妳我應許並宣告：「我要赦免他們的罪孽，不再記念他們的罪惡。」（參閱耶利米書卅一章34節）。祂已經按下刪除鍵，刪除妳一切的過犯，而祂自己，也就是妳最終的引航者與審判者，選擇**永不記念妳的罪愆，也不因此懲罰妳。**

所以，為何妳還抓著罪過不放呢？

當妳想起那些過犯、說道「我無法原諒自己」時，就表示妳不相信基督為我們所成就的已經足夠，以某種角度來解釋，這就表示祂給妳的赦免還不及格。這是一種人性墮落的驕傲、自大傾向，使人拒絕領受、也不願承認，耶穌的恩賜從古至今都絕對夠我們用。

然而，祂的恩典確實夠用。

當然，恩典一定夠用。因為沒有任何出自人類的饒恕，足以剛強到能釋放妳脫離對自己過犯的痛苦記憶，以及披在肩頭上的罪疚斗篷，即使妳能用某種方式，找到並應用在自己身上，都還是不夠。唯有透過基督耶穌，坦然地領受這份給妳的恩賜，妳才能真正得著自由，脫離罪疚的掌控，面見妳的救主，因為**祂親身為妳的罪按下刪除鍵**，當祂……

走向十字架。感受到荊棘冠冕加在祂的頭上。

忍受毒打。容忍刀劍穿刺祂。

在釘子穿入祂的手腳時畏縮。

被掛在各各他(Golgotha)的樹上。

那個時刻，就是妳領受一生都足夠用的赦免之時。當祂喊著：「成了！」（參閱約翰福音十九章30節），一切都成就了，一勞永逸地成就。**祂按下刪除鍵，刪除妳一切過犯。每一條過犯。**

甚至是那一條。

接下來，妳要做的就是接受這榮耀的事實：妳的過犯已經正當地、永遠地被刪除。當妳如此行，**妳就已經饒恕自己。**

妳做得很好，因為妳沒讓驕傲使妳輕看自己的

耶穌的恩賜從古至今都絕對夠我們用。

罪，覺得應該輕輕帶過。但在清楚看見自己的敗壞之時，妳也必須「依著上帝的意思憂愁」，生出「沒有後悔的懊悔」。（參閱哥林多後書七章10節）

讓我們一同屈膝，伸出雙手，決心領受赦免。上帝的赦免。

按下。刪除鍵。

勇氣挑戰

‧用自己的話語，描述「饒恕自己」與「領受上帝饒恕」之間的不同與關聯。

心靈對話

‧選擇過去一項妳無法饒恕自己的行為，禱告思想上帝為妳這條罪付上的代價，並選擇好好領受這份代價。

不再原地打轉

昨天一位年輕女性寄了封電子郵件到我們的服事機構，在她充滿痛苦的信件內容中，訴說著一件引她深思的奇怪事情。她的姊姊似乎領養了一匹曾經受過馬戲團訓練的小馬，如今牠在一個自由的新家，有充分自由漫遊、探索並經歷一切新生活，但牠還是照著以往的訓練拼命在原地轉圈圈，讓牠舊有的生活方式陰魂不散地定義著牠、限制著牠、控制著牠，保持昔日被壓榨貶低的既有模式，顯然不知道自己還有其他可能。

這就是不饒恕的重擔。這是種後遺症，它停留在妳身上，壓迫著妳，限制妳去享受每個生命階段帶來的新鮮空間、階段與自由。這就好似戴著濾鏡眼罩，讓妳除了別人得罪妳的事之外，其他什麼也看不到，只能透過這個眼罩看待生活中的一切。持續懷有怨懟將會迫使妳的眼界只能看向單面，無法經歷唯有脫離苦毒才能享有的喜樂，使妳狹隘地受限於過去失望經驗所造成的界線，過著遠低於上帝要妳喜樂享受的單調生活。

親愛的姐妹，我不是在論斷妳，好嗎？我知道，我明白。如果我們現在坐在一起，我會與妳一同哀哭。過去發生的那些事實在太糟糕、太可怕了，在許多方面而言，這自然而然地會令人覺得無法饒恕。或許妳正在經歷這痛苦的過程，努力試著要饒恕對方，但妳總會想到自己經歷過的那些，而且它又發生了，又一場背叛、又一個背棄的承諾，又摧毀了妳脆弱的信任感，結果，這一切又造成更深的傷害。一個封閉的圓圈，一個更小的圓圈，而記憶總限縮靠近在圓圈的表面。

我知道。我明白。相信我，我了解妳的感受。

但就像一位睿智而年長的導師曾告訴我：「生命的整體性是由兩個部分組成，百分之十是發生在妳身上的事，百分之九十則是**妳如何回應發生過的事**。」當然，我們希望自己能掌控一切，讓一切重頭來過，但事實上，此時此刻的我們完全無法改變既定的事實。在許多情況裡，即使我們想要，但當事情發生時根本無能為力，有些事情，甚至是在妳年幼無力發聲或抵抗時發生的。我不是要簡化或淡化這些悲劇傷害帶來的駭人影響，但這些事件與情境，確切發生的那一刻只佔了妳生命的一小部分，更大的部分，才會真正決定妳成為什麼樣的人，以及妳最終活出哪種人生的部分，這些才是妳該嘗試與處理的那些空間。

無法饒恕就是存在這九成的空間之中。

容我再說一次，我不是要裝成輔導老師的樣子，也無法在這短短的篇幅討論聖經論及的一切饒恕之真理，當然也不是指妳只要讀完聖經，就能馬上享受生活，我只是要告訴妳事實是如何。

我希望妳找回豐盛的生命，不再重蹈覆轍。

上帝啊，求求祢，停止這惡性循環。

我們必須透過幾項行動來達成饒恕。

第一，要拒絕積怨懷恨　積極作下決定，不要把帳算在別人頭上或不斷記錄他們的惡行，而要選擇免除他們累積的罪債，即使妳還不知要如何解決這個問題或恢復關係，只要信靠上帝，求祂醫治妳的心，因祂知曉每件事的每個細節。饒恕就是，將這個人、這種情況與這個結果，放手交給祂，全都交給祂。

這就是祂饒恕我們的方式，不是嗎？

……上帝赦免了你們一切過犯，便叫你們與基督一同活過來；

又塗抹了在律例上所寫攻擊我們，有礙於我們的字據，
把它撤去，釘在十字架上。
（歌羅西書二章13—14節）

這就是我們要遵從的饒恕原則，無論對方是否承認他們的錯誤，我們都把他們從自己累積的控告中釋放出來。若要活出得勝的基督徒生命，就要實踐這個困難卻必要的行動，學習訓練自己不要懷恨，或是繼續在心中控告他們。下定這份決心，不僅會影響妳目前的人際關係，也會好好預備妳，在未來與他人擁有更穩定的互動交流。

如果妻子期待在婚姻中找到喜樂，她就必須在丈夫得罪她時及時饒恕他。如果母親期待享受養兒育女的快樂，她就必須快速地放開孩子加諸於她的傷害，不要讓它留在心中潰爛，最後變成憎恨。如果女兒渴望遵循聖經教導來尊榮父母，她就必須塗抹掉父母的所有失職，以及對她的虧欠。如果朋友期待能彼此享有深切情誼、體恤軟弱，她就不可認為自己有權收集別人一系列的過犯清單。如果我們渴望享有健康的感情關係，就必須將對方過去累積或是發生在昨夜的憎恨中釋放出來。

真的，受傷的心無法自由敞開，去愛人或領受愛。企圖心懷怨恨來保護自己不再受傷的人，只會縮限內心的高牆，將自己困在小圈圈裡，永遠無法逃離過去發生的

事，只能被困在可預期的窠臼與反應中。

因此我敦促妳跨出改變的第一步，下定決心、作好準備，不再計算對方的錯誤。雖然在妳下定這份決心後，還是會有人不斷惹妳發怒，但有個方法能測知自己是否走在正軌上。今天如果有人做了令妳生氣的事，而妳馬上開始不斷想著他們昨天與之前做過的事，那麼妳就知道自己仍然活在不饒恕之中。如果對方做過的事，變得像烤過頭蛋糕上面的裝飾櫻桃，又黑又苦，妳就知道自己仍在計算對方的過犯。

但當妳開始免除對方的債務，並釋放自己脫離這些到處揹著走的重擔時，妳就會不斷進步，對待他們時也不會一直受到過去的影響。妳會得著自由、活在當下，妳會感覺像是新造的人，周圍的空氣也不會存在使人窒息的刺鼻焦酸味。妳的圈圈會愈來愈廣，妳的經驗會提升至更有價值、耳目一新的境界，而且是馬上發生，一天勝過一天。

第二，妳必須留些空間讓上帝來為妳做工　我們很自然地會覺得，饒恕就是讓對方逃避後果，妳仍然是受害者，而他們仍是一無所知、未受責罰的加害人。特別是如果妳從未聽到對方為著自己的行為表達

> 若要活出得勝的基督徒生命，就要學習訓練自己不要懷恨，或是繼續在心中控告他們。

悔改，或是他們蹩腳的道歉反而更像是自我辯解，試圖把一半或更多的錯誤歸責到妳身上，妳就更會有如此感受，因為這種可鄙的道歉手法，只是更清楚顯示他們仍不願真心悔改。

沒錯，如果對方想要經歷脫離自己行為苦果的自由，認罪悔改就是重要而必需的步驟。這就是為何耶穌說：「你們要謹慎！若是你的弟兄得罪你，就勸誡他；他若懊悔，就饒恕他。倘若他一天七次得罪你，又七次回轉，說：『我懊悔了』，你總要饒恕他。」（路加福音十七章3－4節）他們應當也必須承認錯誤。

但如果他們沒有、無法或不願承認自己對妳造成的傷害，那麼確保他們承受報應就不是妳的職分。藉著饒恕他們，就是將這件事交給上帝去處置，而祂必然會處置他們，以祂自己的方式，依照祂自己的時程表來處置，而且絕對比妳能做到的都還更周詳、更徹底。

姐妹們，務必要抵擋報復的衝動，信靠上帝會為妳討回公道。當妳在祂面前保持謙卑平和時，相信祂會成就妳當前的最大益處。當妳選擇不用自己的方式來討回公道時，妳就是在選擇「寧可讓步，聽憑主怒。」（參閱羅馬書十二章19節）

最後，妳必須禱告　妳一定要求主給妳力量來饒恕。妳無法靠自己做到，妳也不應該期待靠自己做到。免了人的債需要超自然的資源、力量與鼓勵，要為此禱告，求上帝將這些全部賜給妳，而祂也必將回應。

饒恕是神蹟，它真的是如此，它是上帝聖靈透過妳完成的工作，而且若非聖靈動工，妳永遠也不可能成就。唯有祂能使悲痛的母親原諒殺了她孩子的人，使受到背叛的朋友饒恕對方的無情與殘酷，使被蒙騙的妻子歡迎她起初立下誓約的丈夫回家。

唯有一種力量，一種看不見的力量，一種神蹟能清除這奪走妳生命中平安、愛心的蝕骨疾病。唯有一種靈夠重、夠廣，能澆滅那燒掉妳喜樂的憎恨烈焰，澆熄那徒留人生殘骸灰燼的火焰。**唯有上帝**能改變妳的思考模式，加快妳的腳步，擴張妳的境界……使妳脫離這惡性循環。

我必須一次又一次地再次聲明，要做到這些步驟並不輕鬆，我只是憑著上帝話語的權柄，提議妳好好去做。因為作個決心饒恕的女人，可以拯救妳的友誼，挽回妳的婚姻，重建妳的生命，興旺妳的生意，重振妳的工作，再度幫助妳找回真我，使妳能活出自由、愛心與喜樂。

這就是這份決心督促妳完成的任務，這就是妳的目標，以確保「又要謹慎，恐怕有人失了上帝的恩；恐怕有毒根生出來擾亂你們，因此叫眾人沾染汙穢。」（希伯來書十二章15節）它要拯救妳，在此同時也一併對妳所愛的人，彰顯出恩典的影響。

……主怎樣饒恕了你們，你們也要怎樣饒恕人。（歌羅西書三章13節）

這就是妳的奉獻，給予饒恕。就像耶穌美妙、豐富而奇異地，將饒恕傾倒在妳身上一樣。

我很肯定，這絕對不是妳第一次聽到或讀過這樣的饒恕信息。我完全明白這個主題的存在，可能就跟聖經本身一樣古老。我所和妳分享的，既不是什麼釋放妳脫離苦毒監牢的新發現或天才創見，更沒有蘊含什麼前所未聞的祕密，當然也並非什麼難解的公式。

妳一直都明白這個道理，**但妳有行出來嗎？**

妳是否下定決心領受饒恕，並饒恕別人？真正採取步驟付諸行動，才會產生改變。

這其中有著妳可能一直等待發掘的祕訣，那是上帝應許改變妳人生圖像，釋放妳脫離無盡惡性循環，進入妳心最美善的境界。

勇氣挑戰

- 圈出以下妳覺得最困難的饒恕步驟，然後想想原因是什麼：
  1. 拒絕懷恨積怨。
  2. 留空間給上帝為妳做工。
  3. 禱告，求主給妳饒恕的渴望。
- 想一下妳在本章節一開始寫下的名字，那位令妳心懷怨恨的人。求主加添力量給妳去饒恕他們，把他們的名字填在下面劃線的空格中：「饒恕______，正如上帝在基督裡饒恕了你們一樣。」（參閱以弗所書四章32節）
- 相對地，妳是否需要任何人的饒恕？就如經上說的：「你在祭壇上獻禮物的時候，若想起弟兄向你懷怨，就把禮物留在壇前，先去同弟兄和好，然後來獻禮物。」（馬太福音五章23—24節）……饒恕也是種獻禮啊。
- 在妳要簽名表明這份決心時，要記得這只是個開始，這段旅途需要時間與協助才能完成。要甘心樂意尋求必要的幫助，以完全經歷饒恕本身所帶給人的益處。

我的饒恕

我定意要饒恕那些曾經得罪我的人，並竭力與他們和好。

實證者簽名＿＿＿＿＿＿＿＿＿＿

定意要活出美德與聖潔

結構的安全性

行為完全、遵行耶和華律法的，這人便為有福！（詩篇一一九篇1節）

在我準備寫一本像這類廣泛涵蓋不同主題的書時，我發現這似乎也需要其他女性的參與，因此我把這些決心要點，寄給一些年齡、種族背景與生活狀況都不同的朋友，請她們來禱告思想這些內容，以及她們適用在現實的狀況。本篇關於持守正直與個人聖潔的決心，竟挑戰了大多數的女性，激起她們內心最深處的共鳴。

我個人與我的家庭，不會容忍邪惡的影響，即使它們表面上看來再正當不過。「即使它們表面上看來再正當不過」，就是最一針見血的部分，令人很難不產生畏縮的反應，而且還是不由自主地。多數女性對於避開（或至少辨識出）那些顯然邪惡的事物、那些絕對無法接受的惡行，應該不會有太大的困難，但那些暗中低調進行、披著娛樂外袍的活動，才是會讓我們上鉤的誘餌。它們不引人注目又很安靜，它們實在太舒適、太熟悉，使我們不忍心叫它們離開，於是它們就繼續在那兒，一切看來正當得很。

然而，若用這類黑白分明的決心標準來檢驗，它們竟詭異地失去了掩護與迷彩保護色。許多翻到這幾頁的女性，會發現自己正馬上翻回到前面的部分，害怕到好像正擇開一塊燙鐵一樣。她們指尖感受到的熱燙，伴隨著可怕的定罪寒顫，一路通往後背，看來現在是時候放下這些草稿，或至少該轉身去做其他不那麼痛苦、刺人的活動了。

無庸置疑地，這項決心需要親密地、內省地檢視自己內心與家中的事物，那牽涉到我們關起門來允許的事物，就像晚飯後在安靜的書房與客廳，總是縈繞著懶散、放任，直到凌晨。老實說，這也是為何需要這類決心幫助我們明白，自己消耗時間與注意力所從事的活動，與信徒身分和口裡承認的信仰，成了刺眼的對比。

當這些震驚褪去，朋友和我就有了共識，當我們用這份決心檢驗自己的生活時，就要為著自己收看的電視節目、沉溺的小說、茶几上放的雜誌、耳機與汽車音響裡響起的音樂，開始認罪悔改。

我們其中有個姐妹願意更深探究，還警覺到自己與青梅竹馬間輕鬆有趣的友誼性聯絡，其實暗藏著情感出軌的暗流與潛在災難。另一位姐妹則坦承自己經常在家裡沒人時，把偷藏在玄關衣櫃的酒拿出來狂飲。

沒什麼大不了的？很容易為這些行為找到正當理由？

這些朋友呢喃說出的妥協案例，儘管層次各有不同，卻都會使她們的屬靈意識遲鈍而沈默。即使只是一點點，這些選擇也足以觸動我們的良知，若忽略與放任這些錯誤繼續發生，最終情況將會變本加厲，我們會刻意拒絕上帝進入這塊生活地帶，進入這兩小時的時段，進入這可以理解的放縱。

滴水穿石。

顯然這系列電視節目或那本書裡，所展現與讚賞的生活態度，都是我們在現實生活中絕不會同意的行為，也是我們絕不會親身參與的活動。然而，雖然告訴別人該看或不該看什麼電視節目，該喜歡或不該喜歡哪些電影或書籍，可能會看來很教條主義又不近人情，但我們都知道，評斷論述與享受罪惡之間的不同。我們知道自己不僅僅在單純觀察這些現實生活問題的稜角，也發現我們逐漸產生興趣、樂在其中，最後幾乎（真的只是幾乎？）快要渴望它們。我們並未採取行動去拒絕，或為著強加於這世代的謊言哀慟，反而發現自己快要接受它們，願意觀看著呵呵笑，還認為很適合拿桶爆米花配著觀賞。

這些活動使我們成了自己永遠不想成為的偽君子，除此之外，它們會帶來什麼好處嗎？我們在人前反對這些東西，私下卻不可自拔地覺得它們精彩刺激。

這講到正直的核心。

正直意謂**表裡如一，健全而完整無缺**。當工程師在設計一座橋時，他不僅希望這座橋面能負荷車流，在建築結構上也要能承載自己的重量，日復一日，年復一年。這就是結構上的安全性。

這就是我們所追求的。

這也是為何這份決心，不適合三心二意的膽小鬼來挑戰。

他們不會只是遵照當下喜愛的設計，就把所有東西湊在一起，隨便拿著手邊現有的材料來製作作品。那些關心結構安全的人，會心懷在上帝與眾人面前無所指責的長遠目標來建構橋梁，橋梁不只要供交通流量較輕的週末使用，還有週一到週五的交通尖峰時刻。

我是認真的。

姐妹啊，我向妳坦承，這份決心讓我退一步、再次檢視我的生活。不要覺得妳是唯一被踩到痛處的人，我自己同樣也想要成為卓越的女性，有著上帝聖靈的記號，我渴望成為上帝創造我所成為的妻子、母親與女人，我渴望靈裡的耳朵清楚聽見祂的聲音，我屬靈的眼清晰看見祂的同在，我渴望在此領受祂的同在帶給我家的平安，我渴望經歷祂的能力，來挑旺我們的家庭與服事。

但我知道這種實際而日常的祝福，絕不會與當今最受歡迎的電視節目、閱讀刊物與經由媒體散播的垃圾一同共存。就像佈道家約翰・衛斯理(John Wesley)的母親在信中所告訴他的，我們必須明白：

無論是什麼，只要它會削弱你的理智，損害你的柔軟良知，蒙蔽你對上帝的感知，或奪去你對屬靈事物的興趣，簡單而言，無論加添身體的力量與權柄去掌控你心靈的到底是什麼，無論那事物本身如何無邪，那對你而言就是罪。

因此我們必須決定，妳必須決定……

到底要哪一個？

是上帝對我們最大的益處，還是個人的喜好？

也許，這就是促使大衛王謹慎地下定決心，以活出正直的本質性問題：

我要存完全的心行在我家中。邪僻的事，我都不擺在我眼前……不容沾在我身上。（參閱詩篇一〇一篇2—3節）

這並非古代君王的行事準則，因為他們有無上的權力可以不被他人質疑，所到之處隨心所欲，特別是在他們管轄的個人生活範圍裡。他們不受檢視，不受約束，完全沒人有權利告訴他們該怎麼做。然而，大衛王渴望與他們不同，並表達了幾項承諾，來幫助自己達成這個目標，而我們也有能力立下那些承諾。

一、不容邪惡　他寫道：「邪僻的事，我都不擺在我眼前」（參閱第3節）。他不願眼前有任何牴觸上帝標準與律令的事物，他承諾不去從事任何可能逐漸讓自己對罪遲鈍的活動。

二、小心注意那些容易影響妳的人　「悖逆人所做的事，我甚恨惡，不容沾在我身上。彎曲的心思，我必遠離；一切的惡人（或譯：惡事），我不認識」。（3—4節）這就是說，沒有任何毀謗、驕傲或不正直的人，可以與他建立親近的關係，他不要讓對方差勁的品格與讒言，持續不斷地在腦中喧擾，或攔阻他走義路。

三、認清自己需要屬神的幫助

「我要用智慧行完全的道。祢幾時到我這裡來呢？」（2節）大衛知道他絕對無法靠自己的力量持守這份決心，唯有靠著上帝的大能與激勵，他才有機會對抗邪惡的誘惑與自己肉體的私慾。別期待自己可以不靠上帝的幫助、恩典與牧養，就能重新校準生活，祂會確保要警戒妳作出該作的改變，並且會熱烈地加添妳力量，讓妳的身體力行出來。

這些都是挑戰極限的決心，但事實上，所有我曾遇過、擁有屬靈美好品格的女性，那些在我認真渴望能效法她們的女性，都具有挑戰極限的行動與決心。那些享受上帝超額祝福與恩惠、真正活出美好生命的女性，都是以我們認為近乎離譜的方式約束自己，但就像大衛一樣，她們覺得在社會文化朝向某一個方向時，則必須強迫自己前往另一個方向。

我無意要讓妳有罪惡感，或教條性地毀掉一切上帝賜給妳享受生活的自由，而且讓某信徒感到困擾的事物，並不一定是其他人的地雷區，只因為有些人認為不「好」，不表示就該「毀謗」那事（參閱羅馬書十四章16節）。但當妳思考自己心靈結構的安全時，妳確定它能負載妳虔誠的基督信仰？它是否能禁得起教會弟兄姐妹未經通知就造訪妳家？

妳是自己所宣稱的那個人嗎？

多數人都一樣，不時地就會犯下如此的錯誤，如果這對妳而言也一直是個疑問與窘境，妳就要如此行：**對於每個追求、決定與活動，竭力保持敏銳並回應聖靈此刻對內心的監督，要聆聽祂的敦促，不要忽視祂的帶領。**在聖靈基於對妳個人的了解，以及祂渴望成就在妳身上的一切而指引道路時，要願意為了祂更好的選擇，來改變妳暫時的慾望。祂的目的不是要剝奪妳的樂趣，而是要把妳塑造得清新、純潔，能領受祂最好、最豐盛的祝福。

靠著祂的大能，妳能下定決心。

靠著祂的力量，妳行事為人沒有瑕疵、無可指摘。

靠著祂的權力，妳能期待自己成為在黑暗中追求光明磊落的女子。

勇氣挑戰

- 根據約翰・衛斯理的母親寫給他的信件內容，現在妳所參與的活動，哪些會：

- 削弱妳的理智。
- 損害妳的柔軟良知。
- 蒙蔽妳對上帝的感知。
- 奪去妳對屬靈事物的興趣。

心靈對話

- 研讀、背記詩篇一〇一篇，讓它成為妳對抗邪惡的宣告；並讓它成為妳的禱告，下定決心定意活出正直、聖潔討神喜悅的生命。

百分之三的不同

你們要謹慎，恐怕因貪食、醉酒，並今生的思慮累住你們的心。
（參閱路加福音廿一章34節）

毒鼠藥。

我以前從沒真正注意過……直到今天當我從朋友那裡發現，多數老鼠藥的成分中，百分之九十七都是食物，只有百分之三是毒藥。這些產品用老鼠喜愛的食物香氣與味道，引誘那些骯髒的齧齒類動物，讓牠們想愉快地把毒鼠藥大口吃下，但當牠們吃著美味大餐時，同時也嚥下微量的致命毒素，足以終止牠們的恐怖垃圾統治。老鼠之所以死亡，其實是因為吃下誘人食物中微量的毒藥。

百分之三。

這豈不也描述了我們失去美德、在正直上妥協、內心變為剛硬、靈性逐漸遲鈍的光景？我們被一些看似無害的事物誘惑，例如某些娛樂，還有那些一開始頗為單純的友誼，但然後……

毒藥。

那些被技巧地隱藏、狡詐地偽裝而成的毒藥，就在表面之下，就在雷達下方。我們吃完後，抹抹嘴繼續過生活，以為一切都沒事。我們要花幾天，也許幾個星期，才會開始注意，但我們的屬靈器官最終開始衰竭、對上帝的火熱褪去、警覺與洞察漸漸衰退，我們失去嘔吐的反抗能力。

正在慢性死亡。

一次吃下百分之三的毒藥成分。

妳在別人身上也會看見這種情形，也許是一位名人、體育明星或政治人物，他們顯然一開始並沒打算毀了自己的生活與事業，但卻因為追求某種樂趣或經驗，最終出現在八卦媒體上，他們暴露著、被拆穿、融化在不欲面對的鎂光燈與苦果中。他們是被百分之三毒藥傷害的活生生例子，但回頭來看，妳會很震驚他們竟會為了這麼小的樂趣，丟失整個人生。

但這是否也是仇敵正在密謀陷害妳的計畫？如果牠聰明地引誘妳進入，讓妳完全按照牠所預想的方式，陷在天羅地網中而無從逃脫，那個誘餌會是什麼？牠把那些微量毒藥藏在哪裡，使妳無從察覺，直到最終發生無可挽回的後果？

甚至影響妳所愛的人？

我永遠不會忘記那次的經驗。當時我正打算觀賞一部影集的第二季首播，從它一年前開播起，我就因其內容清新脫俗而非常喜愛，所以在第二季開播時，我格外期待著。當晚播出第一集時，我的三歲兒子正坐在我旁邊，我們坐好，打開電視，正好趕上前情提要，但當我們準備好要投入劇情時，不到十五秒之間，螢幕上竟出現低俗的性愛畫面，令我超級傻眼。我馬上瘋狂地搶下遙控器，胡亂按下轉台鍵。但太遲了，那一瞬間的影像已經映入小兒子的眼裡與心裡，我怎會讓這種事情發生在……他身上呢？

請容我提醒妳，即使我們極力避免這種狀況發生，但我們的孩子或甚至是我們自己，都有可能聽到、看到或暴露在那些我們希望當作從沒發生過的事物中。當然，當我們不努力持守正直時，就是在讓窗戶敞開、任由有害物質透進來，然而，無論是我們行為在邏輯上產生的必然後果，抑或單純的意外，一旦木已成舟後，都無法回復原狀。所幸我們能夠向慈愛與恩惠的上帝禱告，求祂幫助阻擋仇敵，將這些軟弱的時刻，轉變為人們生活中的堅固營壘。我們能放膽祈求耶穌的寶血，在任何潛在的長期傷害、混亂生根成為我們的攔阻前，就先遮蓋消除它們。感謝上帝，因基督的寶血能遮蓋那些事物。

事實上，我認為就是因為這類事情很容易就發生，保羅才會切切叮嚀我們：「至於淫亂並一切汙穢，或是貪婪，在你們中間連提都不可，方合聖徒的體統。」（以弗所書五章3節）甚至連微微一瞥都不行，甚至連一絲暗示都不行，對上帝子民而言，只要一點點就已經很嚴重。因為我們是祂的兒女，是靠著基督恩典行動成聖，也有責任保護我們所愛之人的脆弱心智。

殺傷力就從那**百分之三的毒素**開始。

誰會知道後果？

保羅所發警告的第一部分是「淫亂」，就是滲入保羅當時所處社會的一種屬靈毒藥，但他講到「一切汙穢」，即指所有的有害活動，信徒都必須遠離。他的意思是，不要讓那些活動在我們的生活中有任何立足之地，沒有任何商量空間。他明白「即使只是提到」的後果，就像「一點麵酵能使全團都發起來」（加拉太書五章9節）。

如果妳是認真的，我建議妳別只是對上帝與自己允諾，也要對其他人、和他們一起，許下這個承諾，因為我們在生活中盡力為此爭戰時，真的需要極大的責任心。在一個充滿反對聖潔的文化裡，決心持守正直的女人，必須有其他同行天路的姐妹們協助約束，使她能繼續持守聖潔的標準。

我感謝主賜下美好友誼，它們提供一個需要交代的架構與網路。就像我們幾個女人喜愛聚在一起分享彼此的生活，彼此討論、提出問題。一起笑、一起哭，我們不只是同理對方，也堅守上帝話語的智慧來彼此扶持。

有時當我們一起去看電影，拿著一堆可樂、爆米花坐定位時，我們其中有人可能會對電影某部分的拍攝方式感到不舒服，導致心中充滿定罪，必須溜出去迴避一下，甚至在看某部電影時，全都有相同的感受，而一起中途離場。我實在難以表達心中對上帝滿溢的感謝，賜給我這麼好的朋友，不會讓我因為自己在屬靈上極為敏銳而覺得丟臉，不會讓我因為要在上帝面前活出聖潔而感到壓力，反而給我許多空間，永遠不會受到奚落，永遠不會受到反對。我們願意彼此扶持、堅守承諾。

我們需要這樣的朋友。

如果沒有他們，就很難成功。

記住，不需要太多毒素，就可以毒死我們。只要百分之三，就足以致命。

假設這些毒素，分散進入一整個團體中，大家不斷幫助彼此將百分之三的毒素濃度，稀釋到百分之二或百分之一，直到根本連個影子都沒有的時候，我們就能再次堅守立場。無論妳已婚或未婚，都可以藉由在朋友面前坦誠自己的生活，讓那些將我們益處放在心上的朋友，以及那些能嗅到毒藥的朋友，認識我們，進而了解我們。如果妳沒有這種必須交代生活的朋友，務要為此禱告，我相信上帝會實現妳的渴望，回應妳的呼求，因為祂要妳領受祝福，純潔而平安地享受全然愉悅與榮耀祂的生活。

這就是對妳而言很安全、對妳全家人都安全的生活。我能百分之一百零三地肯定。

勇氣挑戰

- 妳生活中有哪些部分，是羞於讓人知道的？
- 妳可以運用哪些更深層、細膩與廣泛的監督方式，來持續達到高標準的正直？描述一下，並自問妳願意遵循這些方式嗎？

心靈對話

- 我要來到上帝面前，禱告求主為我預備可以彼此分享、相互扶持，持守正直同行天路的好朋友，好讓我們能互相敦促；為主堅守祂所賜下的聖潔標準，定意要將百分之三的毒素完全稀釋。

從力量到力量

我和孩子們很喜歡到鄰居家後面那間美麗的屋子去玩，很幸運地，我的芳鄰從不介意我們隨性造訪與玩樂。屋子附近長滿濃密的灌木叢與高大的樹木，彷彿遮掩著不讓外人看見，但我兒子可是機靈又充滿冒險精神，他們發現一條祕密小徑，直通樹林的邊緣。當我們一進入這條狹窄、風化的小道時，就會忘我地在這彎曲的林間樂園探險，進行一場又一場的冒險。我們很快變成叢林探險家，建築我們的堡壘，迅速潛行在掉落的樹枝間，進入洞穴躲避敵人。

這條小徑最終蜿蜒至一片乾涸的河床，足以繼續發展我們冒險故事的完美之地。有一次，發現一棵倒在河谷裡的大樹，孩子們都認為這是個令人興奮的大收穫。他們小心地平衡身體，輪流走在上面以穿越河谷，取笑對方失誤連連或是跌倒摔跤，然後在他們成功走過樹幹時，歡慶彼此的勝利。

我就坐在附近一堆乾樹葉上，高興地看著他們，並沒想要親自嘗試走走看，但孩子們可沒那麼容易放過我，他們開始哀求我加入，要我也在樹幹上嘗試保持平衡，從一側走向另一側。

最後，我終於屈服了。

當我一開始踏上樹幹時，我並不知道這會那麼困難，畢竟我小時候還練過體操，這應該就像是走平衡木，在這寬樹幹上走個幾呎應該不是難事，尤其旁邊還有孩子們幫我加油呢。

一切都很順利，直至走到一半，開始聽見腳下一聲細微的喀啦聲。不妙！只消幾秒，整根樹幹劈哩啪啦碎成片片、落入河床中，我也背部朝地著摔在不遠處。

當下，我就坐在地上發愣了好一陣子，一切發生得如此迅速，得花點時間才能恢復鎮定。然而在我站起來、撢掉灰塵，回頭看著地面散落的樹幹碎屑時，馬上就知道問題出在哪裡。粗硬的樹皮讓樹幹的外表看來強硬堅固，但這棵倒下的原木，暴露出內部腐爛地多麼嚴重，看得出來樹幹是經過長年累月的腐化才敗壞得如此嚴重，這才是使它崩塌的真正原因。當我兒子走在上面時，他們小小身軀的重量還不夠揭露樹幹的脆弱，但當一個成人的重量壓在上面時，樹幹就無法支撐了，它內部的支撐力與看似堅固的外表並不相符，最後無法承受壓力，應聲斷裂。它並不是……

內在正直。

對我們而言，**生活的壓力遲早會讓我們暴露內在真實的樣貌**。當然，單憑外在力量可能還足以應付簡單、較不費力的環境，但當壓力累積到一定重量，成為強大下沉的力量，或是當我們的表面資財不足以應付眼前狀況時，內在不夠正直的人就會崩潰，由內瓦解，碎成片片。然後大家都能看見偽裝堅強的底下，隱藏著充滿腐敗的內在生活，沒人注意、也沒去維護。

不幸的是，這種情況看得太多了，曾經發生在我們自己身上，也發生在別人身上。

但並非所有人都是如此，如果遇見有人能對抗這股壓力的襲擊，就應該仔細觀察，並好好學習。

先知但以理就是一例。

在西元前六〇五年，他與一些深具才幹的朋友，還有其他一萬名希伯來人，被巴比倫國王尼布甲尼撒逮捕，運送到巴比倫。他們被威脅必須改變生活方式來適應新環境，顯然這些新的生活形態，與身為上帝追隨者所受到的教導不同。管理者設法指派他們用各種技藝與能力來效忠巴比倫，還給他們取了巴比倫名字，訓練他們學習巴比倫語言，甚至給他們巴比倫食物，要改變他們的飲食習慣。

然而，即使在新環境裡，但以理也拒絕退讓自己的聖潔標準。大家都親眼見識到上帝賜給但以理的超凡聰明，包括他解夢與看異象的能力，甚至超越巴比倫王多數的精明謀士與官員。因此，但以理迅速被拔擢至服侍巴比倫皇室的地位。

這對一個希伯來年輕人而言，可相當令人陶陶然。

當波斯帝國掌控巴比倫，推翻巴比倫帝國時，這表示但以理將會失去深具威望的事業與光明前途。除非他要拿自己甫獲不久又已逐漸適應的地位來冒險，否則為了生存，此時對自己從小所受的教育作出一些讓步，應該無傷大雅。

果然沒過多久，他就遇到這個必須作出抉擇的試探。當妒忌但以理的高官群臣設法說服大流士王頒布命令，規定全國人民在三十天內，只能對大流士王禱告、跪下，不得敬拜其他的神，否則就要被扔在獅子坑中處死。他可以暫時放低標準，私下進行真心的禱告，而不在人人可見的公開場合，只要一個月就好。他可以過著雙重生活，保住他世俗的權位。

但他沒有……

但以理知道這禁令蓋了玉璽，就到自己家裡（他樓上的窗戶開向耶路撒冷），一日三次，雙膝跪在他上帝面前，禱告感謝，與素常一樣。

（但以理書六章10節）

他並未改變標準，以迎合新的政權。

他並未改變信念，以維持受人歡迎與接納的地位。

他並未隱藏自己對上帝的敬畏，以免被別人發現。

他並未改變作息，以配合國王頒布的新政令。

相反地，他堅守原本的立場，在人前人後言行一致。甚至當他面臨終極的考驗，在獅坑裡面對猛獸向他張牙舞爪時，也並未因為壓力而崩潰。他在令人畏懼的環境中能夠持守勇氣，因為他「在上帝面前無辜」（22節）。

他的正直拯救了他。

他的正直讓那些獅子閉上嘴，讓自己毫髮無傷，沒有被撕為碎片。讓他在險境中得蒙保守。

他的正直，也讓榮耀耶和華大能的信息傳遍全國。大流士王震驚、倉惶、感謝但以理的真誠與耶和華的回應，使他又頒布一條新政令，承認祂是獨一的永活上帝。

正直堅固的樹幹能夠經過潛在災難的深谷，成就但以理與他人不同的生命。也必使妳生命有所不同。

勇氣挑戰

• 下定決心成為正直的女子，是妳能送給自己最好的禮物。因為這表示妳自由了！妳不再活在害怕祕密生活會被「揭露」或「發現」的恐懼中。簽署並認同這份決心，就是同意讓自己成為經歷上帝改變而重生的女子。妳同時也正敞開自己，成為吸引周遭的人歸向基督的影響與榜樣。一起來吧，如此的生命多麼美好，比廣告上宣傳的人生更好。

持守正直

我定意要拒絕容忍邪惡對我自身和家庭的影響，
即使它們以最正當合理的形式出現。
我要渴慕並追求聖潔生活。

實證者簽名

定意要付出關懷

再看一次

祢為何使我看見罪孽？祢為何看著奸惡而不理呢……（哈巴谷書一章3節）

我不想看。那幅畫面太令人不舒服了。前方聳立的高畫質螢幕，將這痛苦故事的每個像素，演繹成真人大小的畫面，也讓在場聚集的其他一萬五千名女性觀看著。

我們和來自世界各地的女性，正一起參加這個澳洲雪梨的年度聚會。與會者有橄欖色皮膚、穿戴珠寶紗麗的印度女人，丹麥來的金髮白皙女人，深色頭髮、富有異國風情的俄羅斯女人，還有來自我從未聽聞的某個無名小島、說法語的黑人姐妹，全都聚集在這個空間，參與這重大的時刻。這場堪稱同類型中最大規模的會議，旨在聚集焦點，而絕對不是那種妳來參加、度個週末，然後到下次參加之前也無須思考太多的聚會。這是一個持續運作的姐妹團契，一群致力服事基督、追求公義的姐妹，為彼此交通所建立的全球性連結，以期透過特定事工來改變世界。

這種會議對我而言是種嶄新的體驗。因為我參加過的多數特會，都在美國舉辦，通常那些特會充滿卓越的教導與美妙的敬拜經歷，但並沒有將焦點集中在人道主義的努力和事工上。所以參加這類特會，得以讓我用全新的視野，看到國際社會面臨的問題。

而且還讓我們都覺得自己有罪了。

事實上，這種積極的慈悲，就是基督強制祂的教會應該要力行出來的。但捫心自問，自己為何行不出來？我為何沒有運用上帝賜予我的平臺，鼓勵婦女將眼光超越狹隘的生活軌道，看見周遭人們的重大苦難，積極表達關懷？為何美國的基督徒似乎沒有像其他國家的信徒那樣，深切感受到這些巨大的需要？那些國家與區域的經濟狀況，反而遠不如美國穩定呢。這些婦女之所以來參加特會，不只是為了自己的學習來參加特會，而是有志一同地意識到，應當肩負起責任去影響當代文化，將此定為她們的最終目標。

那次會議中提出的某些議題，我已經有一定程度的了解。然而，令我感到羞愧的是，我一直神奇地覺得那不關我的事，也沒有義務去面對它們，例如在眼前螢幕上出現的那些人，我根本不知道她們的存在。

那是一群烏干達(Uganda)的婦女，受到被洗腦的少年兵所折磨的影像，實在令人不忍卒睹。這些在「聖主反抗軍」(Lord's Resistance Army)監管下，變得鐵石心腸的孩子們，受訓練去犯下妳能想像最駭人、殘忍的罪惡與暴行，他們殘暴地用刀片傷害女人的容貌，在她們的身心留下無法抹滅的疤痕，令她們幾乎無法在社會上過著正常生活。據我們所知，目前整形醫師已經準備就緒伸出援手，也願意貢獻時間、技術與訓練，現在所需的就是旅費與醫療費用，而我們也受託提供幫助。

偌大的會場中，迴盪著此起彼落的啜泣聲，眼淚淌下我們的臉頰，互相傳遞面紙給一排又一排的人。如此感動、如此震撼、如此痛苦。有好幾次，我都快無法承受，必須暫時低下頭來逃避這些視覺虐待。

這不可能是真的！這種事情不可能在現實生活中發生，這不可能發生在真人身上，發生在真人的母女身上，況且她們還在自己的家鄉，不是嗎？

當主辦單位於第二個週末，為另一批人再播放一次時，我逃開了。就是無法再看一次，無法再接受讓那些影像翻攪我的感官神經，讓我整天都失去食慾，整晚都因為殘留在腦海的記憶而緊繃。

我不想看到那些事。

我不想注意那些事。

也許妳也不想看到，或者儘管妳不想看，但還是看到屬於世界另一端、遠方民族的恐怖真相。通常妳的典型反應就是轉換頻道或是翻頁，把目光轉離浮腫的肚子、汙染的水井、骯髒的貧民窟，以及無父無母的孤兒。

或許那些妳寧願自己從沒瞧見的事，並非發生在遙遠的彼端，而可能就發生在妳家後院。妳發現自己居住的社區已出現種種跡象，暗示著當地正發生了一些妳想要以搬家來避免的事。也或許國家的政治和社會狀態，正朝向毀滅基要價值的方向前進，道德開始悄悄敗壞，還愈來愈明顯。敗德、癮癖的行為竊走老年、青年人的健康與未來，人們似乎已無法脫離自我毀滅的行徑。

無論問題是什麼，只要妳看見它們，胃部都會不斷翻攪。妳的情感幾乎無法再忍受現實狀況任何一分鐘，妳雖曾經注意到這些在妳面前閃過的情景，但並不真的想去思考、關心或改善的。

直到現在。

直到妳下定決心。

即使妳無法對所看到的每件事情負責，而上帝也絕不會要妳一肩扛起整個世界的重擔，但祂卻將這個情景放在妳面前。祂可能在禱告中對妳說，**早晨在鏡子裡與妳對視的那個人，就是解決之道的其中一部分。**

親愛的姐妹們，我完全理解為何我們寧可轉頭不看那些，因為我們會覺得自然有別人會接手這事，撤退與逃脫，然後投入更愉快的事情總是比較輕鬆與安逸。就像聖經裡的先知哈巴谷，在看見自己不想目睹或知曉的事情發生時，都想舉目望天問上帝：「祢為何使我看見罪孽？」

彷彿深愛我們的上帝應該不介意我們遠離這一切，彷彿我們肩上擔子已經夠沉重，自己還有事情要忙，生活已經很不容易，上帝應該要給我們一條路來轉離目光，對這些苦難視而不見、漠不關心。不是嗎？

但上帝對哈巴谷的回答，會令妳大吃一驚，因為在祂迫使這位先知退坐觀看自己的同胞受苦時，祂對哈巴谷說：

「你們要向列國中觀看，大大驚奇；因為在你們的時候，我行一件事，雖有人告訴你們，你們總是不信。」

（參閱哈巴谷書一章5節）

換句話說：眼見為憑。

如果上帝沒有對妳顯明這些，妳的心不會受到感動。如果祂只告訴妳祂的計畫是什麼，或者祂要如何使用妳來解決問題，妳會無法理解問題的深度與難度，也不會明白上帝超自然的關注、慈愛與智慧的觸動，能透過妳成就大事。如果祂允許妳把頭轉開，繼續對情況一無所知，妳就永遠不會明白，上帝要邀請妳、賜予妳能力，而得以經歷的憐憫心腸。

因此祂決定要向妳顯明，讓妳看見這些混亂、痛苦、傷害、毀壞、浪費與失喪，好預備妳展望祂的工作會有多麼驚人，即使這份工作乃是透過我們這般凡夫俗子來完成。

不要停止觀看，不要轉離妳眼所見的，因為那是**祂安排妳去看見的**。在祂對妳生命的掌權計畫中，祂正呼召妳、懇求妳、迫使妳參與其中。

光在黑暗背影的襯托下是最亮的。

鑽石在黑絲絨底面的襯托下是最燦爛的。

看吧，再看一次。

直到那使妳屏息的景象，不再是突顯問題的下沉重力，而是**上帝修復的大能**。

一次只要觸動一個人，就能成就這事。

勇氣挑戰

- 目前為止，哪些全球或地方上的毀壞，觸動妳的憐憫心腸？
- 哪些事攔阻妳採取行動、伸出援手？
- 妳願意為此付出時間，採取哪些行動？

心靈對話

- 研讀聖經哈巴谷書，祈求上帝激動妳的心，好回應祂對妳生命的呼召。讓我們對周遭受苦的人生發憐憫之心，願意委身付出我們的時間、智慧和能力去服事關懷他們的需要。甚願認識耶和華榮耀的知識要充滿遍地，好像水充滿洋海一般。阿們！

如何修復未破碎的心？

當影片播放完畢，大家完全動都不動。每個人，包括我，全都定在椅子上，無法迅速或輕鬆消化剛看見的影像。會議主持人在繼續進行會議前，也花了片刻讓自己的情緒好好平復。

這的確是個重大時刻。

我想妳一定明白我當下的感受，那是極少見的驚鴻一瞥。所有人感受上帝的同在盤旋在會場，邀請我們、感動著我們，去回應祂特別的呼召。我們全都確切地經歷到，自己的心靈已和過往不同。怎麼可能還一樣呢？不可能受到如此攪動後，還能當成像什麼都沒發生過一樣如常生活。我們很肯定，至少我很肯定，如果真正關心人是否能上天堂，最好也要同樣付出同等關心，注意人們此刻在這世上的生活品質。

只限於在講臺上教導或著書的服事日子結束了，因為這些對我而言根本不夠。若不刻意、有目標地下定決心，以實際方式幫助人們，並鼓勵他們也與我們一起伸出援手，那將會永遠處於失衡狀態，因著只回應上帝一半的呼召而有罪了。

我在主前低頭，不太確定要對祂說什麼。因此，我只是問祂要我怎麼做，好回應我內心從聖靈感受到的噬人痛苦。祂的答案在我內心成形之前，敬拜團隊站到臺上，他們的歌聲就像在預備祂的回應：

用破碎祢心的來破碎我。
當我離開世界進入永恆，一生皆為祢國度旨意而成就。

這就是上帝回應我的第一個暗示：我需要破碎的心。我的心不僅要破碎，還要懇求上帝來破碎，對於天父感到心痛的事情，我也要感到哀傷痛苦。我不要只顧著自己平時的需求來禱告，因為那基本上就是求祂不要讓我的心破碎，但現在我卻要求祂來破碎我的心，只留下**願意依照指引跟從祂的那一部分**。

是的，我應該要開始行動。雖然我不太確定是從哪方面，但在我能夠明白之前，在我付諸行動之前，**我需要一顆破碎的心**。

妳是否曾向祂祈求過一顆破碎的心？妳是否曾想過，自己之所以對服事、關懷與弄髒雙手缺乏熱忱，真正的原因可能是妳從未把心放在上帝面前，求祂破碎，讓它對他人的痛苦更為敏銳？我們最常祈求上帝醫治我們的心，賜給它力量或修復它，但當我們缺少一顆對周圍人們光景感同身受的破碎心靈時，又會錯過什麼超自然的神奇力量？

耶穌就有，一顆破碎的心。

在整本聖經中，都看見耶穌並非盲目地走上當時滿是塵土的老舊道路，對人類的痛苦與需要視而不見。相反地，祂密切關注，因為憐憫而受到感動，停下來關懷弱勢與哀痛的人。

- 當祂看見飢餓的人，祂的心破碎。（參閱馬太福音十五章32節）
- 當祂看見患病的人，祂的心破碎。（參閱馬太福音十四章14節）
- 當祂看見哀痛的人，祂的心破碎。（參閱路加福音七章13節；約翰福音六章35節）
- 當祂看見孤單與失喪的人，祂的心破碎。（參閱馬太福音九章36節）

而當祂沒有施與憐憫之時，祂仍在談論憐憫，祂講故事，提醒人，指引人們方向。**對人彰顯憐憫，是耶穌傳遞福音的重要部分**，祂並沒有為了達成「更重要」的屬靈目標，而對人們肉身的需要視而不見。

姐妹們啊，我們也都該成為下定決心效法耶穌的女子。我們是教會的一分子，也是祂回應這世代苦難的部分答案。如果只參加婦女特會、閱讀勵志書籍、聆聽講道、唱敬拜歌曲，卻鮮少採取行動去幫助人，我們就是在用行為稀釋上帝的福音，讓它被貶成無能、自我中心的行動。雖然我很高興妳因為參與那些活動而大大受益，但同時我也求主讓妳感到些許不滿，而積極追求更多，採取實際的外展行動。耶穌因著許多原因拯救了妳，但其中一個原因，就是要讓其他人也能透過妳，看見耶穌對他們彰顯的憐恤，不僅是透過話語，更非透過沉默或事不關己的態度，而是**確確實實，採取行動**。

耶穌不僅傳講福音，祂還親自活出福音。現在妳就是祂的手、祂的腳，這雙手不只是用來開支票，這雙腳不僅只走向教會或信箱，將責任外包給別人去採取行動。**伸出援手是種榮耀，著手去做吧**，人們需要妳的幫助，若是逃避付出，妳將無法經歷到上帝差派妳來幫助他人所帶來的益處。

從妳自己的家開始。付出妳個人的資源。善用妳家族的恩賜。動員妳朋友的獨特天賦。

耶穌對人們的痛苦感同身受，絕不是老掉牙的浮誇濫情，那是種深切、痛楚的反應，根據許多解經的學者說，那甚至影響祂的肉體，就像胃部翻攪不適一樣。那祂如何回應那些痛苦？祂並沒有回家睡個好覺，希望明天那些痛苦與不安會自動緩和。反而將自己破碎的心視為行動的徵兆，按天父的旨意採取行動。祂向前，祂服事，祂聆聽，祂醫治。

因此……

是什麼拉扯著妳的心？是什麼令妳胃部翻攪？

我再提醒一次，那有可能是一個影響在地球彼端人們的問題，也或許是牽涉到街坊鄰居的情勢。那可能需要長期投注心力，或只是在某天下午花個幾小時，那可能是一位年長女士或一個新生兒，服事人們的機會各式各樣，但都同樣可貴。

當妳看見有自己可以伸出援手的地方時，**上帝就攪動妳的心**，讓妳牽掛某人與她的需要，掛念某個家庭正

> 要將自己破碎的心視為行動的徵兆，按天父的旨意採取行動。

經歷的痛苦，惦記著那一群人面臨的挑戰，不斷想到一個國家與人民的危機。

要將此視為要妳做出回應的提示，就像一個下定決心去憐恤人們的女子。

妳可能不是個感情容易受到波動的人，妳的個性本來就不太容易出現激動的反應，然而妳卻能擁有耶穌同樣擁有的東西，那份屬天的憐憫，因著使耶穌傷心的事情而心痛，使妳轉向祂對妳的命定。當妳的心被灼燒人們的火燙現實融化時，妳就是在經歷成聖必經的路程，轉變成基督的樣式。**在妳心破碎的同時，妳也正受到呼召去回應。**

是的，妳可以擁有那份引領妳採取行動的屬神憐憫。妳必須擁有這份憐憫，因為**妳的世界正等著透過妳去經歷基督，妳就是延宕已久問題的解決之道。**這也是為何妳的心傷痛，為何妳如此不忍卒睹，為何妳看到這幅景象時會胃部翻攪的原因。

這就是憐憫的心腸。

求主破碎妳的心，在可怕的現實中向妳顯明人們的需要，直到祂給妳勇氣去回應。

讓妳心碎的是什麼？

這就是給妳的提示。

一起來行動吧。

勇氣挑戰

• 也許妳曾在大力伸出援手時受到傷害，人們占妳便宜或曲解妳的動機。但當妳用基督的愛服事人時，妳採取行動的真正理由是什麼？除了單用有形或感覺良好的結果來看，還有什麼其他更好的方式可以用來衡量妳的成功？

心靈對話

• 檢視妳周遭是否有任何上帝感動妳、激動妳去關懷、憐恤的人事物，立即採取行動吧！

憐憫我

我終其一生都在追求上帝的道路。年輕時接受基督成為我生命的主，接著幾年下來，我慢慢了解到所謂身為基督徒到底表示什麼之後，我開始思考祂對我的旨意是什麼。我知道祂有個目標，一個祂不僅為著當下，而是甚至在我出生之前，就精心預備好的目標（參閱以弗所書二章10節），但我經常感到很迷惑，因為這個目標觸不到也看不見。在我年少階段向上帝尋求要研讀哪些科目、接受哪些機會、追求哪些方向時，我一直希望祂在我生命的特定時機，能更清晰、更直接了當、更明白地告訴我祂要我怎麼做。

姐妹們，也許妳正想著同樣的事情。在某些方面，妳覺得自己正閒散、漫無目的過著每一週、每個月，同時還伴隨著一堆問號浮現在心裡。妳渴望行在祂的旨意中，但妳就是不清楚祂的旨意是什麼。妳等候，再等候，等候祂彰顯旨意，使妳能夠全力投入。

這是很好的願望。

但萬一祂對妳生命下一步的目標，要等到妳完全順服於眼前的旨意後，祂才願意透露呢？若上帝渴望看見妳忠心於祂目前差派給妳的事物，才會賜下另一個未知的計畫呢？這就好像孩子們在還沒完成今日的責任時，就試圖要父母擬好明日的計畫，「年輕人，丫頭，我們等下再擔心之後的事，你們得先搞定現在的任務。」不就像是如此嗎？

這麼說吧，上帝決定是否對我們顯明祂的旨意時，亦是如此。雖然祂對妳我的美好計畫，保留了些許部分沒讓我們知道，但有些部分卻已向我們清楚表達。例證就在：

世人哪，耶和華已指示你何為善。
祂向你所要的是什麼呢？只要你行公義，好憐憫，
存謙卑的心，與你的上帝同行。

（彌迦書六章8節）

這指示再清楚不過了。因為經上說：「耶和華已指示你」，妳再也不能說自己不知

道祂對妳的「要求」是什麼，祂對妳生命目前的旨意是什麼。當然，上帝還要向妳顯明更多，諸多細節有待妳去發掘。但以下是妳確實知道的：

行公義。

好憐憫。

存謙卑的心。

親愛的姐妹啊，我問妳……妳到底做到了這些沒有？妳是否明確地下定決心，回應妳確知上帝要妳致力行出的美德？若妳要下定這份決心，沒比此刻更好的時機了，請仔細了解上帝賜下的這三條誡命，好能身體力行實踐這項決心。

公義　當我讀到經文這部分，我立刻震驚於出現在它之前的動詞：「行」，有些版本則說是「做出來」。通常我們會認為「公義」是種飄渺抽象的概念，不會想到要「行」出來，但在這裡，公義是種行動，一種彰顯展現的行動。也許我們快速回顧彌迦書關於以色列人敗壞行為的描述，將會有助於我們理解：

> 禍哉，那些在床上圖謀罪孽、造作奸惡的！
>
> 天一發亮，因手有能力就行出來了。

他們貪圖田地就佔據，貪圖房屋便奪取；他們欺壓人，霸佔房屋和產業。
（彌迦書二章1—2節）

下定決心行出公義的女子，即使她有能力與機會，也不會去占人便宜，反而決心行事端正，追求公義之道，即使有時她必須付上代價，在特定情勢中刻意考量如何才能以最適當的方式服事人與環境。我不是說她好欺負或容易上當，她只是決定不要趁人之危，用計操控使自己成為贏家，她的優先利益就是看見公義彰顯，尋求公平、合理、客觀，而且最重要的是，**表達基督之愛的處事之道**。

妳是這樣嗎？妳是否傾向於試圖占人便宜，在意自己是否有保障而更甚於關心別人？妳是否專注獲得最多好處，更甚於確保顧及到別人？妳爭取公義，還是只爭取自己的利益？

憐憫　這裡的原始用詞可解釋為「恩慈」。「好憐憫」意謂真心渴望去祝福並影響他人的生命，這意謂顧及別人的需要，更甚於看重自己的需要，不是因為他們一定配得，而是單單因為妳「熱愛」為他們付出。

這就是上帝對我們的憐憫，不是嗎？祂已選擇不按照我們應受的報應我們，祂已撤回我們當受的審判與刑罰，反而選擇寬厚地向我們彰顯慈愛、溫柔與饒恕。就像基督一樣，我們應該寬以待人，即使他們的行為與過去的選擇不一定配得這些，但只因為我們要像基督一樣彰顯恩慈。

我們知道，憐憫可以應用在家庭、職場與教會的許多方面，以及妳每天所到之處。但也許沒什麼地方比起刻意前往才能到達、認真尋找才能找到的偏遠地帶，更能彰顯憐憫。這在箴言著名卅一章裡關於賢妻的經文中有所描述：她張手賙濟困苦人，伸手幫補窮乏之人（20節）。耶穌也說這可以用來判斷一個人與祂的關係是否純淨真誠，我們如何對待畸零與弱勢族群，即「最微小的」的一群（參閱馬太福音廿五章31—46節），以顯示自己對基督的委身程度。

使用這項指標，看看妳的憐憫指數如何反應妳與上帝的關係。妳是否不斷記錄著人們應該從妳這裡得到什麼待遇？妳是否只付出自己覺得他們配得的？抑或相反地，妳願意為那些不要求、不起眼，而且可能永遠無法回報妳的人付出？

這就是恩慈女子的樣式，這就是妳能成為的樣式。

謙卑　連同公義與憐憫，妳看到什麼？一個與上帝同行的「謙卑」女子，她總將別人的需要視為優先。她正確評估自己的價值，當然，她不自視過高，但也不妄自菲薄，她只是每天追求上帝的旨意，忠心相信上帝給她的話語與命令，值得她盡力而為。當上帝準備好透過話語與聖靈聲音向她發出更多啟示時，她也能準備就緒來領受，同時回應祂。

既然我們能經歷生命的豐盛與品格的力量，為何還經常選擇貶低或忽視上帝在經上的指示，同時卻又狂熱地尋找「祂對我生命的旨意」？是否因為這會打亂我們安逸、自我中心的生活方式？是否只要一想到，下定這份決心就可能會導致我們不願發生、使我們不安的變動？然而，這卻是我們宣稱自己相信福音的核心意義，這是「主對我們的要求」。若我們輕忽地略過這清楚的指示，又如何能說自己渴望活在上帝的旨意中？

以前有個作家曾自白他在這個議題上的罪過。當時，他正悠閒地閱讀一篇文章，文章作者正解釋著「話語失去意義的過程」，而最佳的例證就是基督徒。作家說：「依他觀察，基督徒，似乎最擅長能言善道說出自己不真心相信的美妙道理。」但「更令我不安的，」他繼續說：「就是他列出了基督徒說的話，像是『虛心貧窮的人有福了』、『施比受更有福』、『不論斷人，免得你們被論斷』、『愛鄰舍如己』等。一一仔細檢視，若我真心相信這些真理，我的生命會有多麼不同。就像作者的結論說的：『基督的教誨消極地並存在他們心中，除了讓他們僅僅聽著愉悅溫和的話語外，沒生出其他任何果效。』」

多麼引人深思！多麼一針見血！

如果真心相信耶穌傳講的福音，就會活出福音的樣式，即使這意謂要面對誡命所帶來的挑戰。

也許當妳準備要簽署下一個決定時，妳已經知道聖靈敦促自己去做的事。妳的心燃燒著，內在升起憐憫之心，妳可以清楚知道，祂要妳去彰顯恩慈，為之伸張正義的人是誰。

或許就是妳每天上班時看見，住在天橋下的那位婦人。是那位身為軍眷的鄰居，她丈夫發生意外受傷返家，如今她不僅要照護三個稚齡女兒，還要照顧她的傷殘配偶。也可能是個已經第二次懷孕，受到家人排斥，亟需一個依靠的少女。

當然，這需要投注大量時間、精力與資源，還有妳不認為自己有能力付出的天賦與額外開銷。但如果妳在內心孕育憐憫要去助人，祂就會加添妳的資源來完成這善工。

妳應該大感興奮，妳在這方面順服上帝的承諾，就是開啟門扉的鑰匙，邀請祂向妳顯明祂在其他方面對妳的旨意。這就是妳明白祂旨意的機會，想像一下：**明白上帝的旨意，毫無保留地付出。**

這是行出公義、憐憫、謙卑與上帝同行的女子。

勇氣挑戰

- 我想我已經說得夠多了，不是嗎？現在是妳起而行動的機會。寫下上帝刻在妳心版上的話語，妳可能還不確切知道上帝呼召妳去服事誰，也不知道祂會如何供應資源來滿足他們的匱乏，但妳下定決心要伸出援手。敞開妳的眼、妳的心，使之充滿公義、恩慈與憐憫。

我的心

我定意要追求公義、慈愛並憐恤他人。

實證者簽名

第二部　這對我是最重要的

一定要成為帶給丈夫祝福的女人

求婚

大概在我婚禮的五個星期前，我整個人就已經欣喜若狂。想到我還有許多慶祝活動要參加，許多禮物要拆，還有蜜月旅行等著我享受，我的期待就一天天不斷升高。因此當我朋友打來相約共進午餐時，我馬上開心地答應。我穿著一件可愛的衣服，空著肚子卻滿心歡喜地到達約定地點，準備好要慶祝囉。

但當我到了那兒，我可以感覺到氣氛並不如我期待地那般歡樂。當然，還是很開心，但我知道我朋友有些心事，她沒有打算來討論婚禮花卉設計或伴娘禮服的；她是要來討論更嚴肅的事。

開始用餐沒多久，她就從盤子上抬起頭，對我說出她心裡的疑問：「妳確定妳要結婚嗎？」

什麼？我大吃一驚。

請先別誤會，我向妳保證我這個朋友很喜歡我未婚夫。

他們彼此認識不久後就成了好朋友，她也認為他會是個好丈夫，而且她還深信傑瑞與我彼此真心相愛。

只是她現在……已婚。

而那就足以改變一個人對「婚姻」的看法。

她不再只看見浪漫的光彩與幻想，她對婚姻的看法與我這個狀態的女人大不相同，她的生活並不淒慘，只是想法更加實際。她仍享受著許多單身女人期盼婚姻中會出現的事，丈夫也很愛她，但婚姻中還有其他更多事情；那些事會偷偷竄出，在新嫁娘還來不及把結婚禮服拿去乾洗前就嚇到她。

好吧，我其實不太知道要如何回答她。「我確定這就是我要的嗎？」當然，我很確定，但在我內心結結巴巴對結婚回應「我願意」之前，她又說出第二個問題：「如果他的行為永遠不會改變，如果他這人永遠不會改變，或成為與現在的他不一樣的人，妳還能終身愛他、敬重他、委身於他嗎？」

她到底要說什麼？

她要我聽到真相，她要直言不諱地告訴我，當我從雲端回到現實後，我會回到起點。她要我看見，**婚姻需要我對這個結合完全地付出自己**，除非我「真正願意」，除非我**要讓我們的結合與這個男人，成為我生命的優先**，否則我不能隨便說出「我願意」。我不能只想到他要為我付出什麼就嫁給他，我同樣必須想到自己要如何服事他、尊重他、造就他。我是否準備好了，即使在我不願意時，也要付出必要的時間、精力、感情與注意力，滿足我自己與丈夫？甚至在他不配的時候？

那是她一連串誘導性問題背後所要提醒我的。

我在想，如果妳仍單身，是否會從這方面來思考婚姻。我很好奇想知道妳是否想過，妳要滿足丈夫，並幫助他成就上帝要他在世上完成的工作，需要何等地無私？

我也在想，如果妳已婚，妳會選擇如何面對我朋友在婚禮五週前告訴我的事實，那些無論妳結婚幾年，都已經不只一次發現的事實。

但任何決心滿足丈夫的女人，都必須考量到對方這些神祕（也許難以忍受）的面向，並了解自己在婚姻中的主要角色就是珍視、支持、敬重與鼓勵丈夫，即使是在她全身細胞都不情願的當下。這是當妳結婚時就承諾給他的禮物：在他因自己的錯誤受挫或受到世上壓力的威脅時，給他一個柔軟倒下的地方。妳承諾要幫助他，即使你寧願反抗他。妳定意對他忠誠，立誓只將身心的親密保留給他。

這當中有些部分的確很難做到，也許在妳的情況，甚至連「困難」都還不足以形容妳丈夫對這段婚姻造成的痛苦。從婚姻裡發生的種種，或是到底缺少什麼元素的狀況來看，這裡要妳下定的決心，可能會讓妳想摔了這本書，再找一本比較貼近現實的書來讀。

我不是在輕描淡寫妳所經歷的掙扎，也並不認為幾章如何改善婚姻的簡單說明，就會自動解決目前面對的一切困境。我很清楚，要妳下定這份決心，對妳而言是多麼艱鉅的挑戰，因為妳嫁的男人對婚姻可能根本沒這份決心，我也絕不想把這份決心美化得像婚禮蛋糕一樣浪漫。

但事實就是事實，無論今天妳的婚姻如何，即使妳婚姻不睦，甚至已經開始從別人身上尋找滿足，或是妳還未婚，只是希望有朝一日能夠成為妻子，但**滿足妳的配偶**仍是個值得妳努力達成、合乎聖經的可貴決心。

妳渴望獲得滿足，不是嗎？妳渴望填補那最深刻的需要。那麼，妳的丈夫也渴望相同的東西。此刻他也許沒有盡到他在婚姻中的責任，但記得，這本書不是在討論他，而且妳也無法改變他，但妳可以精準指出自己需要改變的地方，把這份嶄新決心帶入妳的婚姻裡。妳可以對婚姻忠誠，至少這是妳可以做到的。

就像妳一樣，我也還未到達終點，我在每天與丈夫相處的同時，也仍在學習與成長，然而，我的觀察與個人經驗告訴我，這份決心通常會對夫妻的關係產生益處。因為我們通常都會設法達到他們在周圍親友身上看到的標竿，並依照自己受到配偶的尊重程度來回應。所以不要去看妳丈夫應得的，或者他的行為配得的，只要想想妳自己在這份決心裡的責任，還有這份決心需要妳致力做到什麼。

勇氣挑戰

- 如果妳正在輔導一位即將結婚的年輕女子，妳會對她說什麼呢？
- 妳會說自己已接受婚姻的責任，還是會抗拒它們呢？
- 列出妳希望丈夫改變、但他可能不會改變的地方。現在記下，如果他永遠改不掉，妳可以去調整與適應的地方。
- 在妳讀下去之前，記錄在婚姻中妳希望藉由這份決心改善的部分。用這份紀錄來引導妳的禱告，當妳在婚姻中適用我們即將討論的原則時，也使用這份紀錄來衡量自己與丈夫關係的改善。

心靈對話

• 單身姐妹，描述妳對婚姻的看法如何？當妳讀完這些篇章時，它們對妳於婚姻的看法又有何影響？

盼望與恐懼

其實「滿足丈夫」這整個主題，涵蓋範圍遠比我們在這幾頁深入討論的內容，都更大而複雜。我希望妳可以下定這份決心，利用這個時機讓他來告訴妳，能夠令他更有安全感、更能感受到被愛與滿足的事物。或許他有許多情感與肉體上的需要，這些都能花上好幾個小時來討論，但我們的討論絕對比不上妳與丈夫親自討論，來得有益與切中主題。因此我甚至不打算完整討論這個主題，而是希望這份決心，至少會讓妳在特定方面朝正確的方向進行，這方面最終將發揮巨大功效來滿足妳丈夫的感情，並鼓勵他這個男人。

（單身姐妹，我要鼓勵妳聰明地選擇靜心期待接下來的討論內容。相信我，妳也會想要知道這些事情。）

過去幾年來，我有這份殊榮能與兩位可愛的作家與聖經教師一同演講，她們是歐凱莉（Kay Arthur）與貝絲・摩爾（Beth Moore）。在最近一次有上千名女性聽眾的討論中，凱莉把一大堆婚姻裡的現實，濃縮成一小段，好讓大家都能輕鬆接受消化。

她說男人（特別是丈夫）有兩個最大的恐懼：

- **恐懼別人認為他能力不足。**
- **恐懼被女人掌控。**

這導致他們以下的態度與強烈渴望：妳的男人渴望成為妳的英雄，他渴望自己在妳眼中是極有價值的，而被妳所需要。他最渴望看見妳充滿愛意與仰慕的眼神，他渴望知道妳崇拜他、倚靠他，覺得有幸能夠嫁給他，並期待他帶給妳美好的一切。

沒關係！深呼吸一下。

跟我保證你會繼續讀下去吧！

老實說，我無法得知妳現在有多震撼。我藉由自己身為人妻的經驗，以及大家透過電子郵件與部落格的留言中了解到，我們對配偶有時可能非常失望。在一些婚姻裡，妻子對丈夫的怒氣與苦毒已經破錶了，通常她的憤怒其實是對丈夫人性弱點的不當下意識之反應。然而，我也了解在某些情況，妻子的憤怒絕對正當，而且由於丈夫的所作所為，妳選擇忽視他的小小缺乏與恐懼，因為他也讓妳對婚姻有了一堆匱乏與恐懼。

所以，無論在妳嘗試幫助丈夫，發掘上帝放在他內在的潛能時，這個主題讓妳聽來有趣而深具啟發性，抑或是對照他目前的紀錄，只要一提起這個主題讓妳聽了火大，我相信我們都必須了解這個主題。即使婚姻裡的家醜不外揚，但光是在心裡妄想著這些問題會自行離開，對我們或丈夫都沒有任何好處。因此這一章所下的這個決定，是我們拿出清潔劑與菜瓜布，開始清理內心與婚姻最深處汙垢的機會。即便成果可能不如我們指望地那般清潔溜溜，我們仍然因為尊榮主的話語，以及祂對我們生命與重要關係的目的，而榮耀了祂。

現在讓我們看看男人生命中的這兩種恐懼與我們有何關係，以及若我們能減輕這兩種恐懼，會產生什麼改變。

他恐懼被別人認為能力不足　妳的丈夫優秀、可敬、配得妳的注意與欣賞，他最渴望知道妳相信他有成功的智慧與才能。即使他有不足之處，但當妳讓他感受到，妳已經看見上帝命定他成為妳的供應者與守護者的潛能時，他就會覺得滿足。他喜愛知道**妳一直為他禱告，支持他**，向他保證他就是妳的夢中情人。當他覺得妳真心肯定他，這就讓他在多數時候，想要積極活出妳的期待，即使他無法達標，他依然盡可能地不負妳的期望。妳會從他眼裡看見，他正努力地討妳歡心。

光是因為如此，妳就該持續信任並欣賞他，而不是樣樣否定他（這可是我們惡名昭彰的拿手絕活）。當他開始覺得妳只認為他邋遢、健忘、沒創意、沒責任感、軟弱、優柔寡斷與無能時，他漸漸就會懶得去向妳證明，妳根本看法有誤，他會認為反正妳總會雞蛋裡挑骨頭。

我知道妳的男人不完美，而且妳會說：「離完美可遠的咧！」他自己也知道，所以他不會如此妄想。即便他沒馬上大聲承認，他也知道自己有缺點。但就像我們一樣，他並非該被自己的不完美所定義，因為上帝讓他生來就要成為妳家中的領袖、父親與供應者，他最不需要或不想要的，就是**他的妻子否認這一切**，總是不斷糾正他、不願認可或支持他的特質。

妳口中充滿支持、信心與鼓勵的話語，對他可是大有神效，足以平復他對抗內心灼燒的自卑感所產生的掙扎。當妳拉著他為他禱告，當妳告訴他妳一直想著他，當他從妳的眼裡看見妳以他為榮，這就像為他的整個循環系統，注射一劑強力腎上腺素，這種溫柔的安全感，安慰了這殘酷世界對他的奚落，撫慰了他受到自卑感的嘲弄。當然，有時我們必須直言不諱地幫助他改進與留心，但不是現在，不是在他臉上寫滿失望的這一刻，也許在他確信妳無論發生什麼一定會愛他、喜悅他之前，妳都不能直指他的痛處。妳整體性的**感恩態度**，相信會對生活中的偶發狀況大有幫助。

如果妳像我一樣，可能會時常批評妳的丈夫，那麼當他一受到糾正、批評與嘮叨時，妳的丈夫也像我丈夫一樣（我猜他是），他就會豎起刺來，因為這讓他覺得受到輕看與藐視，又感到洩氣灰心。即使妳認為他因為對妳或婚姻做了什麼或沒做什麼，活該如此自責，但這還是會讓男人更趨於破壞拆毀整個家庭。這對誰都沒好處。

男人啊，說有多複雜，真的很簡單。我們的批評、嘮叨可能會傷害他們很深，尤其是在長期累積對他們的不順眼之後，我們覺得只是對某事件的隨口批評，卻會成為刺傷他們男性自尊的重創。然而，同樣力量強大的，就是**簡單、誠實甚至即興的讚美**，這能使我們的丈夫覺得自己真是曠世奇才。當我們盡責地提醒他們在基督裡的地位，以及他們內在蘊藏的潛能，不是因為要敷衍應付他們，而是因為我們真心相信時，這就讓他們覺得身處世界的頂峰。有位男士告訴我，有一天妻子在他離家上班時稍稍讚美他，就足以讓他一整天工作都深具信心。所以，這絕對值得我們更睿智地選擇，口中的話語與說話的方式。

還有……說話的對象。

丈夫有方法能偵測到妳與其他女性談話時的心情。他知道在自己沒看到的時候，妳說出的話是否在讚美他，即使在妳理當據實以告，好讓對方能給妳良心建議時，妳的談話還是必須謹慎發言，溫柔而有恩典。好讓妳的丈夫不至於在中途加入妳們的談話時，因為妳們談論的內容而羞愧，或使他在遇到妳的談話對象時覺得很丟臉。他應該有信心相信，妻子在人前人後都尊重他。

再次澄清，這不表示妳要幫他躲避自己個性上的缺點或錯誤想法，特別是那些已經危害你們婚姻和家庭的問題，而是要確保自己為丈夫給人留下的印象，是鼓舞並有益人心的。這讓我想到有次一位男士告訴我，當他和妻子互相允諾不在別人面前說彼此壞話，也確實看見她無論在教會或派對上都信守承諾時，他因而感到相當開心。

也許妳的丈夫不斷證明自己不配妳的信任，他對財務不夠敏感，還有某種癮癖，甚至對婚姻不忠，妳還說自已無法給予他較高的人格評價，原因在於他表現出來的就只值這點信心。妳說得沒錯，即使妳忘了好好去愛他，並餵養他的自尊，他的粗心、懶散或詭詐，也不是妳的錯，他的所作所為更不是妳的責任。但即便如此，妳也能下定決心肯定妳的丈夫，對他許下承諾，對他的信任並非永遠消失。也許妳需要外力幫助，還要他持續負起責任，才能重建對他的信任，但他必須要知道妳渴望重建對他的信心。

因此，即便用最微小的表示方式，妳是否願意慢慢對他表露信任與肯定的行動？妳會不會讓他體驗這嶄新（或是遺忘已久）的經歷，感受妻子的愛與尊重跟隨著他？妳是否願意看著他的雙眼告訴他，即使他失敗，妳也不會投向更成功者的懷抱，因為他就是妳此生唯一而且最好的伴侶？

若一個男人知道無論自己做了什麼，都不會失去妻子的愛，他會有什麼改變呢？這問題並不輕鬆。我知道裡面蘊含的嚴肅意義，我知道為何妳可能在聽到這問題時打個冷顫。但再看一次，再問一次，好好想一想……

他會覺得自己免除了責任與後果，比以往更加自我中心？還是在妳堅決保證支持他、為他奉獻時，激勵著他達成更偉大的目標與突破，最終讓你們倆擁有更豐盛的祝福與更深厚的感情？妳只有一個方法可以去證實。

現在，我們來討論他的第二個恐懼。

他害怕受到控制　我們先就聖經賦予女性的決心，來觀察男女角色之間的差異。男人和女人的價值是一樣的，但男女本身卻不同，在許多可能造成爭論的層面，妳的標準與意見都與丈夫不同，但這不表示他的方法就一定錯誤，他的方法只是跟妳的不同，但對結果而言，都一樣重要與具有價值。如果妳試圖控制他，逼他照妳的方式思考，妳會平白破壞一些無須修補、僅須理解與尊重的特質。

當妳丈夫覺得受到控制，他最終會完全封閉，輕看自己一家之主的角色，因為「反正妳好像更罩得住。」結果就是，那位妳曾經熟識與深愛的男人，變成洩氣、冷漠的懶鬼，鮮少有勇氣作決定，也沒什麼動力，這將造成婚姻中的惡性循環，使妳更受不了、挫敗與生氣，因為妳覺得自己正在幫他扛擔子。但事實上，這擔子卻是妳從他那兒搶來的，因為妳看不順眼他的做事方式。

但相反地，如果他不覺得自己被剝奪了上帝賜予的家庭領袖地位，或不需要忍受妳專橫、滴水不漏的監察，他不僅更能發揮潛能，還會設法向妳尋求幫助，並更樂意放手將一些顯然妳更擅長的職分交給妳。換句話說，他不會介意承認妳在某些領域做得比他更好，一旦他不覺得自己因為毫無選擇只能遜位，以往妳一直要爭奪掌控與主導的某些事情，就會不費吹灰之力地達到妳想要的目標，或許還讓他覺得這一切是他的主意。

妳知道嗎？這還會回頭影響你們的親密與浪漫關係。一個覺得自己受到妻子控制的丈夫，會失去對妻子溫柔相待的渴望，因為他覺得妻子的言行舉止與對待他的方式，簡直就像他老媽。這也難怪他不會再像以前一樣，扮演著心愛妻子眼中的偉大英雄，深情注視她的雙眼，對她展現浪漫。

我從沒看過有人能坐在駕駛座上，命令車子開動，車子就能自己發動。在發動車子前，總是必須完成一些動作，例如插入鑰匙、打到前進檔，再輕踩油門。同樣地，男人不會被一味對著他們挑剔、尖叫，而不會肯定他價值與意義的女人「發動」，必須由擁有智慧謀略的妻子發動他們。**控制與親密乃互相對立的兩者**，如果兩者一直相互衝突，最終定會消弭熱情，使婚姻關係停滯，並逐漸產生鏽蝕，嚴重到需要重大維修。後退一步，給丈夫一些空間，會幫助他感到更有自信、更加滿足，結果就是，妳將得到一個喜愛與妳相伴、享受與妳長談，還記得如何追求妳的男人。

兩種恐懼，恐懼別人認為他**能力不足與恐懼被掌控**。其實妳可以採取些行動來解決這兩種恐懼，而且若沒有妳的幫助，妳丈夫將永遠無法克服這些恐懼。

和妳一起來克服……不試試如何知道呢？

妳是上帝給丈夫「最合適」的幫助者（參閱創世記二章18節），為要幫助他明白，儘管他會害怕，但靠著上帝的幫助，他能成為傑出、尊貴、可靠的人，而且完全有能力成為上帝命定他成為的男人。

我朋友蕊娜是個美麗、外向、活潑與充滿生氣的女人。她投身參與教會事工，擁有美滿的家庭、可愛的孩子，還有最重要的：一個快樂的丈夫。當然，這些年來他們也曾努力克服一些財務與身體健康方面的困境，她丈夫的決定並非全都正確，她自己也是，但只要看他們一眼，妳就會知道，她的丈夫很滿意現在的狀態。

他們結褵廿三年，卻仍然在走路時手牽著手，出去約會時，他會為她開車門，他們彼此說笑，享受唯有彼此能了解的笑話。我曾看過他在人群中望著她，對她眨眨眼，我曾看過他們提早離開聚會，好能回家享受獨處時「真正的樂趣」，他們擁有人人夢寐以求的婚姻。

當傑瑞與我最近與他倆出遊，我問蕊娜的丈夫，他們幸福婚姻的關鍵是什麼，為何即使這麼多年了，他還是如此開心、和妻子深陷愛河。他說，其實他們的關係並非一直都這麼美好，婚姻中也仍有許多問題有待處理，但重點在於：「她讓我作個真正的男人。當我看她因為信任我的能力而放鬆，或當她退讓將情勢交由我來主導，讓我知道她覺得我很可靠，這讓我對自己的男子氣概很有安全感。在我們的婚姻中，我得以負起男人該擔的責任。」

再也沒有什麼能比讓男人當個男人，讓他們更快樂、更有自信了。

姐妹們，該是讓妳的丈夫覺得，自己是個男子漢的時候了。

就從今天開始，只要一天就好。拒絕任由自己糾正他，或給他任何不請自來的建議，或批評他的決定。跟他去他想去的餐館，讓孩子穿他為他們挑選的衣服，使用他上網抓來的行車導航地圖。我知道這得用盡妳所有的意志力來制止自己，但妳所要做的就是不斷看向車窗外，並向上帝禱告給妳更多克制力。祂會的，祂會讓妳贏得丈夫的心。也許妳不喜歡這間餐廳的食物，不喜歡孩子們身上的衣服，還得鬼打牆十次才找得到路，但妳會贏得最後偉大的勝利。妳的丈夫不會覺得受到貶低或被妳的批評、建議或命令榨乾，他不會覺得與妳很有距離。用心去體會，當妳讓他感受到尊榮與尊重，妳就正在慢慢贏回他的心。

這個感覺真的很好。

這才是他娶進門的聰明佳人。

勇氣挑戰

- 妳丈夫生活中的哪些言行，透露出這兩種恐懼？在讀過自己的答案後，想想妳是因為做了什麼，才造成這些恐懼，並想想要如何做以減輕這些恐懼。

- 減輕丈夫的恐懼，最終會如何使妻子受益？
- 若妳邀請朋友們，單憑妳對於丈夫的評語與相關對話，來形容妳的丈夫，她們會如何描述他？

心靈對話

- 「智慧婦人建立家室；愚妄婦人親手拆毀。」（箴言十四章1節）看完此篇章後，妳可以著手採取哪些實際行動來「建立家室」？

需要一點平靜嗎？

謝謝妳們聽我講了這麼久。我知道這本書不是輕鬆小品，我也知道，即使我們一同勇敢地探討了一些主題，即使妳的丈夫有多麼可愛、體貼、用心、保護妳，好好扮演妻子的角色，也許仍是世上最艱難的呼召。

我們需要幫助以勝任這個角色。我們需要方向。

一如以往，**上帝的話語**是我們求助的最佳處所。

不可否認地，當我們翻開聖經想要尋找解決個人婚姻問題的特定出路時，並非總能在其中找到清楚指示、教我們按部就班照做的解答。因為這是聖靈的工作，祂不斷透過聖經、透過上帝差派與我們同行、走過這些困境的屬神子民之幫助，來與我們溝通。

但聖經的話語確實含有宏觀的真理教導，適用於我們全體，適用於各種情勢的方向。彼得前書是其中一處，使我們能找到關於愛與尊榮丈夫的明確指示：

你們作妻子的要順服自己的丈夫；這樣，若有不信從道理的丈夫，
他們雖然不聽道，也可以因妻子的品行被感化過來；
這正是因看見你們有貞潔的品行和敬畏的心。
你們不要以外面的辮頭髮，戴金飾，穿美衣為妝飾，
只要以裡面存著長久溫柔，安靜的心為妝飾；這在上帝面前是極寶貴的。
因為古時仰賴上帝的聖潔婦人正是以此為妝飾，順服自己的丈夫。

（彼得前書三章1—5節）

我知道，當經文出現在這類書籍中時，大部分的人都傾向於直接跳過，但請務必保證妳不會這樣。重新、緩慢、仔細地研讀這段上帝所揀選的話語。現在就讀，我會等妳……

此刻我必須對妳誠實以告，這些經文曾令我感到很憤怒。閱讀這些話語讓我想起很古老的故事「草原小屋」（Little House on the Prairie）時代的女人樣式，她的頭髮從沒剪過，在頭頂盤成一個髮髻，長及腳踝的裙子裡面還有厚重破爛的襯裙。那沒什麼不好，只是完全不是我的風格，上帝竟然期待我變成那樣，讓我覺得實在很不公

平。而且「溫柔、安靜的心」？我可是擅長交際又外向活潑，難道我丈夫只有可能受到那種根本和我個性完全不同的類型所吸引嗎？

然而這卻是上帝要我們做到的真理。很明顯地，祂正嘗試告訴我一些我得明白的重要真理。而如果妳像我一樣，也是基督的信徒，心中還內住著聖靈，妳就可以信靠祂會加添力量，使我們能夠成就那些無法靠著自己與天然資源成就的目標。

就像持守美滿婚姻的關鍵元素─「溫柔、安靜的心」。

溫柔　在希臘文版本的聖經中，這個詞原文是「praus」，意思是不要太張狂，而要謙卑體恤與溫順。簡單而言，就是必須做到對丈夫有恩慈，如同我們希望他們以恩慈待我們一樣。

妳可以做到嗎？妳可以在脫口出批評的話語之前，停下來三思，自己是否正對他表露恩慈？如果不能，妳是否能好心地收起不替人著想的言詞，求上帝給妳更好的話語來表達？

然而，不要以為這只是要妳閉上嘴巴。妳還有哪些方法可以主動對配偶表達恩慈？妳可以為他做什麼，彰顯妳看重他甚於自己的心意？他也許不會開口要求，他也許不會期待，妳也許甚至認為他根本不配，但這些行動卻能成就極大的影響力。

或許妳已經習慣做這些事，很好，我真要為妳鼓掌，但我也要問妳一個我常捫心自問的問題：這些妳常向他表達恩慈的行動，對妳自己的意義是否比對他的意義更大？往後一星期妳可以留心觀察，找出他真正喜愛但之前卻忽略沒有看見的部分，下定決心作出小小的改變，在他喜愛的那些方面對他表露恩慈。如果妳認真研究他、真正了解他，妳是否願意找出更好的方式、他真正在意的方式，來對他表達恩慈？這種用心會顯示，妳認真想當個「溫柔」的妻子。

其實，這個觀念讓我好好反省了一下。舉例而言，我不喝咖啡，因此我從沒想過要如何調製出「他最喜歡」的咖啡，但花時間學習如何調製傑瑞喜愛的口味，對他而言意義重大。這讓他覺得我很在意他，一直都想著他，簡單，但超有果效。這讓他感受到，他在我心中是最優先、最重要的，而他的感覺最終激起有益於我們婚姻的連鎖效應。

另一個例子就是，當妳熱情地與丈夫發生親密關係，他就會覺得受到肯定。科學家香緹・費爾達恩（Shaunti Feldhahn）在她的著作《For Women Only》（暫譯《女人私房話》）中告訴我們，九成七的男人說，他

持守美滿婚姻的關鍵元素——溫柔、安靜的心。

們希望自己想要與妻子行房時，妻子會渴望並追求他們，而不只是忍受他們。你的丈夫極有可能是這些男人的其中之一。一個主動的妻子，一個會在臥室調情求歡的妻子，會使她的丈夫感到被愛、受仰慕與受重視。

因此要細心為妳的男人設想，妳能如何主動對他表達恩慈。

安靜　當然，它的原文又是希臘文，「hesychois」。不過讓我很高興的是，它的意思不是沉默、不發一語或沒有意見，它的意思是條理分明、和睦與持重的生活，減輕權柄的負擔。而最後一個意思對於家庭有極重要的影響力：**減輕丈夫的負擔**。

如果用聖經來檢視自己身為妻子的言行，就會更加留心與謹慎。我們會努力試著從丈夫的觀點來看事情，而不是用我們自己的立場、看法去撻伐他，我們會心懷婚姻中更遠大、長期的目標，而不是卡在芝麻小事的爭端中。我們不會吵著要丈夫重視我們、或是對於責任斤斤計較，而是以智慧、遠見與清晰思路來專心幫助他達成他對家庭的責任。我們會想要減輕而非增加他的負擔，用和睦與謹慎調整言行，讓他覺得更安適，因為他知道我們不是要打垮他，而是要造就他。

單身的姐妹們，這些都是妳對婚姻應有的了解。問問自己如何能幫忙「減輕負擔」或「減少問題」，而不是不斷索求想要未來的丈夫服事、驕寵與滿足妳。

忠言向來逆耳，如果妳覺得這些都是我主觀的看法，妳可能會想跳過這部分，但這不是我個人的意見，是從上帝而來、歷久不衰、受人崇敬的真理，而且很值得我們去實踐出來。因為，最終**「溫柔」與「安靜」的特質，會同時讓丈夫感覺我們更有魅力**，即便我們早就不再年輕貌美。彼得說相對於「外在的裝飾」，這是「永不褪色的美」，這就是妳丈夫在未來仍會深受著迷與吸引的特質。

我母親以前常告訴我這種女性的神祕感，只是當時我還不真懂得欣賞。我不太明白女人怎麼能在一個與她生活多年、分享一切日常生活細節的男人面前，還維持得住任何神祕感，雖然我才剛開始學習這個道理，但我母親早就瞭若指掌。可以吸引丈夫十年、二十年……甚或五十年的氣質，正是「長久溫柔、安靜的心」所散發的美，這就是讓愛火與熱情不斷燃燒的深藏寶藏。因此，若要擁有多年持久的美麗，我們需要的不只是外在的容光煥發。

根據使徒彼得的說法，這種生活方式有足夠的能力，以改變丈夫的永恆命運，他只要單是注意到我們的言行，無須費盡唇舌，就能贏得他歸向基督。如果我們的行為有能力做到如此，那麼這些能力當然也會解決一些悲慘婚姻中的日常問題。

溫柔安靜之中，蘊含真正的力量。

儘管我原先並不相信，但這並不是只適用於古代人的陳腔濫調，這適用於每個人，甚至適用於時髦、現代、腳蹬高跟鞋、使用現代科技、聖靈充滿的能幹新女性，讓她們渴望尊榮丈夫，使他們得到滿足。

這適用於妳，也適用於我。

當妳實現這份責任，這就是一種榮耀。

勇氣挑戰

• 開始下定決心之前，先詢問丈夫覺得尊榮是什麼，什麼事讓他覺得受到羞辱？妳也許會對他的答案大吃一驚。發揮創意來思考一下，妳可以主動為他做什麼？（如果妳是單身，與妳欣賞的一對夫妻會面，問問他們認為婚姻裡的尊榮是什麼。有智慧的單身女性會把握機會，現在就學習這些功課。）因此帶著禱告、誠實與盼望的心，簽署這份決心並實踐出來。準備好為了使婚姻受益，並為著基督的榮耀，活出這份決心。

滿足我的丈夫

我定意要對丈夫忠誠，用行動和言語尊榮他，好使我能榮耀主的名；並要成為他的合適伴侶，幫助他實現上帝恩賜的潛能。

實證者簽名 ________

定意要教養孩子成為正直的人

真愛

想到生兒育女，我們通常會幻想著可愛的小衣服、媽媽寶寶聚會，還有嬰兒微暗臥室裡安靜、溫柔的時刻。但當媽媽們發現，身為父母的優先要務，不是與孩子一同歡笑分享巧克力牛奶餅乾，而是要牧養他們時，就會感到現實竟是如此嚴酷。其實她的頭號任務就是有目標地帶領孩子，引導他們成為卓越的人，充滿正直、有責任感，堅定札根地熱愛並榮耀上帝。

事實上我也曾因為這個現實而猝不及防。成為一位母親的事實，對於我向來獨立、自發的個性而言，就是個晴天霹靂。隨著第一個兒子誕生，我發現自己幾乎無法再準備好保持條理與規律，但這些卻是任何媽咪都希望保持清晰思考的必要條件。我的生活突然不屬於我自己，我的需要不再是第一優先；某人的利益現在佔去優先位置。

而那還是只有一個小孩的時候。

當我十九個月後懷上第二個兒子，四年後我們又有（驚喜！）第三個兒子時，我愈來愈明白養育這些孩子，其中所蘊含的龐大責任中，其實夾雜著殊榮。在冗長、疲乏的白日與更加漫長的夜晚，當我透過永恆的眼光來看待我的努力和勞累時，我的看法改變了。畢竟，這些小朋友是我生養上帝在世上形像的主要方式，透過生下這些日後有望成為他們自己家中領袖的小人類，我正在實現天父自己的計畫。

儘管在地板上和他們玩耍、為他們做鬆餅、拍下他們第一次剪髮的照片，完全沒什麼不對（而且都很正確），但我們必須謹記身為父母最主要的職分與任務，就是**讓他們懷著上帝的聖靈，差派他們進入這世界，使他們心懷上帝對他們生命的使命，定意為祂代言改變這世界**。他們就像「勇士手中的箭」（參閱詩篇一二七篇4節），銳利、定向、射入世界，以完成他們天賦任務。這是妳身為母親必須下定的決心，它不會自動發生。

但其他事情卻會在不知不覺中發生。

由於孩子的天性通常會朝向血氣發展，他們毋須太費力就能學會自私、沉淪於悖逆、想要不尊重與漠視人。如果任其自由發展，他們最終會屈服於最新電視節目與文化潮流中，潛在而已日趨明顯的催逼。但妳準備好面對了嗎？仔細，聽好。

我們是上帝放在世上、避免敗壞思想體系在我們孩子心中生根發酵的機制，妳就處在要出面干預的位置。姐妹，**妳，被上帝刻意放在孩子的生活中**，要他們抵擋那鼓吹他們違抗妳的文化。

無論妳可能覺得或已經發現這挑戰有多大，無論這個決心讓妳有多灰心，或者妳覺得自己浪費多少年沒有起身行動，現在就是成為上帝差派給妳預定角色的大好時機，幫助引導妳正在學步或時值青春期的孩子。這很不容易，但絕對值回票價，不僅對妳深愛的孩子有益，也實現上帝賦予妳的寶貴目標。這就是妳至高、優先的呼召。

即使妳在讀這本書時還沒為人母，或是上帝可能依照祂的智慧、良善與主權計畫，選擇給妳母職以外的其他祝福，但妳還是可以從與其他孩子為友，成為他們生命的輔導與關鍵影響的過程中，學習到許多寶貴的功課。

現在我們正要進入最後一個決心。為人父母是如此勞心勞力，我們可能讀了一堆相關書籍，卻還有許多要從親身經歷學習的地方，因此我特地把這份決心定名為「愛我的兒女」，目的就是要限縮主題的焦點。

愛。

這如何在親子關係中以最佳的方式體現出來？

聖經教導我們，愛不被動，而是展現與主動。「我們相愛，不要只在言語和舌頭上，總要在行為和誠實上。」（參閱約翰一書三章18節）因此，我們首先要明白的就是合乎聖經、屬神的愛，乃是**透過可見的行動表示**，其次，愛是將活在上帝真理中的經歷，注入並鼓勵人們的心靈，定意服事他們、使他們得益處。

若是為人母的首要目標是**教導孩子上帝的真理**，整個育兒焦點就會隨之改變。我們會開始用這個問題過濾一切決定，自問這事是否合乎孩子的最大益處，能否幫助他們成為明白上帝真理、渴望活出真理的成人。這在孩子耳裡聽來也許不太像愛孩子，但妳應該要認為這就是愛。

對孩子而言，他們或許以為愛就是允許他們沒完沒了看電視，吃下過量冰淇淋，免於承擔多數家務與家庭責任，因為他們眼光短淺，無法看見並了解自身的「最大益處」是什麼，只看見特定的享受。在他們的心裡，妳對他們的管教，都不等同於愛，他們可能以為，妳所謂的愛是專橫與不必要的限制。

然而說實在的，以我們定義的這種方式愛妳的孩子，甚至連妳也不感覺這像愛。有時你實現愛的方式，將會與你內心的每一根情感神經對立，因為你的情感渴望溺愛與撫慰這些你曾在晨光中換過尿布的甜蜜小天使。有時愛孩子的最大敵人就是……**我們自己**。而且我認為，特別是媽媽自己。我們很容易任由感覺引導我們，而不是作下強硬堅韌的決定，**以智慧、成熟、洞見與紀律來愛孩子**。

如果我們要按照聖經來愛他們，就不能不斷追求像友誼一般的關係，因為我們是父母，而朋友與父母的角色是有區別的。我們的位置是要教導他們如何活出討神喜悅的生活，教導他們成為尊重人、負責任的成人。的確，妳當然可以求主祝福你們擁有美好的朋友情誼，但這不能成為妳現在的主要訴求。

絕對不要輕看這份決心。問問自己：「我教養兒女的方式，顯示我是個『有愛心的母親』，還是一個『戀慕孩子』的母親？我是否是個輕易被孩子的眼淚、耍賴、情緒起伏而動搖的濫好人媽媽？」如果妳做的每件事，對孩子而言都感覺像是愛，妳可能就要好好想想，如果孩子們喜愛妳的一舉一動與管教方式，妳就可能是個戀慕孩子的母親，而必須努力學習如何真正愛孩子。

因為愛不是兒戲。**愛是認真的一回事。**

我們的孩子需要盡責的父母。

勇氣挑戰

- 就目前妳面對為孩子所作的決定當中，要怎麼做才是「愛孩子」而非「戀慕孩子」？
- 坦白而言，妳比較渴望成為孩子的朋友？抑或孩子的父母？
- 這對於妳如何教養孩子有什麼影響？

心靈對話

- 如果妳目前並非為人父母，想想自己的成長背景。如果妳的父母曾過度縱容、溺愛妳，這對妳而言有什麼影響？或者他們太過嚴格，又對妳有什麼影響？

靈魂塑造者

如果母親決定要好好愛自己的孩子，就必須承擔三種角色：塑造靈魂、積極鼓勵與操練紀律的角色。

讓我們先來思考塑造靈魂的角色。

人類的靈魂，它是心智、意志與情感的偉大組合，也是良知的所在，每個人都是依照上帝形像受造，擁有靈魂。唯一的問題也是最大的問題就是，若沒有上帝聖靈住在我們靈魂之中，靈魂就會完全地墮落退化，受肉體私慾的掌管，完全與上帝隔絕。在這種情況下，單憑良知無法作出完全正確的是非判斷，這就會引導個人走向上帝不喜悅的道路；祂無法控制，也沒有人能自制。我們生來就亟需被喚醒並更新靈魂。而這點唯有與耶穌基督建立穩固的關係才能做到，因為祂是失喪靈魂的唯一指望。

包括妳孩子的靈魂。

我不喜歡對妳直話直說，但，如果妳沒有意識到這點……妳的孩子就迷失了。

雖然我們的孩子如此美麗可愛，但他們每一個生來都是罪人，**需要受到拯救、脫離老我**。就像我們，就像每個人一樣，基督是唯一能解決這問題的救主，單靠祂就能……

- 保守難以駕馭的心智，免於成為仇敵的墊腳石。

- 改變他們的意願，直到他們願意渴望跟隨耶穌對他們的宏願。

- 穩定他們失控的情緒，以免他們陷入麻煩。

- 喚醒他們遲鈍的良心，使妳不在他們身邊時，他們的良心能順服聖靈帶領，分辨是非。

因為他們極度需要耶穌，需要與上帝建立關係，靈魂也需要被陶塑。而妳就是激起他們內心渴望耶穌的那個人，甚至從他們出生開始就必須不斷求主，妳是不住為此禱告的人，甚至在他們長大或離家後仍繼續禱告。妳是那位要說出這話的人：「我聽見我的兒女們按真理而行，我的喜樂就沒有比這個大的。」（參閱約翰三書4節）

這使妳成為……塑造靈魂的角色。

塑造靈魂的人，完全明白自己對孩子的禱告有多麼重要，一旦她的孩子領受救恩，她就是與上帝聖靈同工，看見孩子靈魂有效轉化過程最重要的工具。無論她已婚或獨力養育孩子，她知道自己無法單獨成就這事，因此她讓教會與親友等其他人協助自己。但他們不會讓其他任何人取代自己的地位，成為孩子生命的主要影響力，她與（如果她已婚）丈夫明白，最主要的責任還是在自己身上，幫助孩子明白並對上帝的督責保持警醒，教導孩子認識上帝如何透過良知引導他們等，這些都是靈魂塑造者日復一日，逐漸幫助孩子們發掘的事。

當孩子們成熟時，她繼續與聖靈同工，看著孩子靈魂得到塑造。她不會依照孩子的眼淚與脾氣作下教養決定，而是預先決定哪些最能成全上帝善工，塑造他們的心智、意志、情感與良心，以此表達她的愛。她視自己為上帝工作的夥伴，幫助服事祂轉化孩子生命的過程，因此她訓練孩子，清楚界定並表達期望，把這些指導方針操練成習慣，並在孩子們拒絕她愛心的規範時施予後果懲罰。

當這些吵鬧的小蘿蔔頭不在她身邊了，她仍然視自己在這方面為上帝的夥伴，求祂繼續顯明如何能在孩子成年的生命中被上帝使用，她知道自己的工作永遠沒有真正完工的時刻。

這真是苛求，不是嗎？

然而，身為真正下定決心愛孩子的母親，靈魂的塑造者就是必須做到這樣。她視自己為戰士，為家庭爭戰，她不願意坐視別人與文化來惡搞她孩子的心靈，破壞靈魂的更新。她知道，如果他們的心智必須按照天父喜悅的方式思考運作，就必須聽見、看見更多上帝的公義，而不是世界的淫穢。因此她謹慎、警醒地思考權衡，控制孩子生活中的各樣影響力。

這就是她生活中的工作，不計一切代價保護她的心血。她拒絕任由愚蠢的娛樂、粗鄙的建議與不信神的教導等汙染，在孩子的心中佔有地位，雖然她知道自己無法遮蔽孩子遠離每事每物，但她盡力預防，並抵銷負面影響。她不會有鬆懈的時刻，將自己的「生命工作」假手他人，把孩子送到她幾乎不認識的人家中過夜，或讓孩子參加自己都不清楚是何性質、有沒有適當監督的活動。她關心自己孩子生命中的每個面向，並竭盡最大努力，認真做好這份工作。

雖然她不是完美的父母，但她相信**養兒育女乃是天國大事**。

此外，靈魂塑造者並非始終只處在防守狀態，她會積極對抗孩子的天性、人性弱點與世界持續不斷的影響。這就是為何她決心成為遵從上帝話語的女子，她知道讓孩子浸潤在聖經中的重要，她也富有創意，始終如一地堅持。她非常警醒地明白，**教導孩子認識與學習上帝話語至關重要**，這不僅幫助自己作個好母親，也幫助孩子獲得真正成功的生命。

她會勤勉而刻意地讀聖經給孩子聽，她要求孩子把上帝話語藏在心裡，知道唯有如此才能防止他們偏離上帝的命令（參閱詩篇一一九篇10—11節）。即使她的孩子很討厭每天被規定要讀聖經，就像痛恨每天做家庭作業一樣，但她還是不會放棄，她不讓任何一點抱怨、牢騷與生氣，使她灰心放棄塑造靈魂的領袖角色。她知道，穩定操練紀律會轉化孩子的頭腦，更新他們的心靈，使他們的耳朵在成長時更容易向聖靈敞開。

這讓她在家中各處貼滿經文，讓孩子們去刷牙或從蔬果籃拿蘋果時，都能經過看見。她在烹飪、打掃與收衣服時，讓敬拜音樂充滿空氣中。她與服從聖經的所屬教會信徒一起聚會，好讓孩子們能看見他們家信仰真理，絕非獨行怪異，而是基督肢體主內家庭的一分子。

她激進而極有戰鬥精神。

她立場堅定、堅守決心。

她塑造靈魂，為要善用與孩子相處的短暫年日，幫助他們成為符合基督的樣式。

喔，還有一點。靈魂塑造者會明白，如果她沒有像督促孩子那樣督促自己，一同走在靈命的轉變道路上，她就永遠不會有力量堅持下去。如果孩子們要真正了解上帝（不僅是認識），她自己就必須彰顯上帝的喜樂，熱愛祂的話語，享受祂的陪伴，如同她囑咐孩子們的那樣。她不會只用聖經語言「你們不可」來轟炸他們，而不透過笑容與生活方式，體現出與上帝同行是多麼有趣，她清楚地知道，再也沒有什麼能比孩子們看見她眼中的確據，更能加速孩子的屬靈成長。因此她追隨申命記六章5—7節的清楚模式，先滋養自己與上帝的關係，同時讓祂真理的明證圍繞孩子。

你要盡心、盡性、盡力愛耶和華你的上帝。
我今日所吩咐你的話都要記在心上，也要殷勤教訓你的兒女。
無論你坐在家裡，行在路上，躺下，起來，
都要談論。

這就是靈魂塑造的靈感。她明白，如果自己先盡

轉化孩子，先從媽媽改變開始。

心、盡性、盡力愛上帝，她就能身教孩子，激勵他們效法。

親愛的姐妹，這就是我們的決心：捍衛新的標準。從今天起就下定決心，並靠著上帝豐富的幫助，護衛家中屬靈的溫度設定，因為我們沒有人能不靠上帝的幫助成就任何事。這就是母親關愛孩子的方式。

妳一定可以做到。

我們一定可以做到。

轉化孩子，先從媽媽改變開始。而妳，這位靈魂塑造者，定要活出確保心意更新轉化的生活。

勇氣挑戰

- 我們可以用哪些防護與主動的方式，來與上帝同工，塑造孩子的靈魂？
- 誰能伴妳一起完成這具有高度挑戰性的決心？這個問題適合所有人來回答，但特別是單親媽媽的妳。
- 十七世紀的一位女子艾美麗亞．哈德森．布姆荷（Amelia Hudson Boomhall），決心對孩子示範基督徒的生活。她說：「我實行一項規則，一次帶一個孩子進入我房間，仔細看他們是否安然坐著，接著我會說：『我要對耶穌說話』。然後我在孩子面前，對上帝傾心吐意。喔，當他們掀起小裙角為我拭淚，或用甜甜的小聲音說：『媽咪不哭』，都是多麼珍貴的回憶啊。」

心靈對話

- 妳可以如何在孩子面前，有創意地活出信徒生活？
- 如果妳已婚而配偶還未承擔起家中屬靈的權柄，不要灰心地任由孩子的屬靈健康陷入困境。恭敬詢問丈夫，他是否願意讓妳帶領孩子靈修，或用經文鼓勵孩子。如此，他就不會覺得妳將他排除在孩童教養之外。

積極鼓勵者

這是一則經典的聖經故事。有一天，上帝向所羅門王顯現，告訴他只要他講得出來，祂就會給他一切所渴望的事物。但令人驚訝的是，所羅門沒有向上帝求健康富貴或是成功權勢，反而只求智慧，而上帝不僅給了他智慧，更賜給他勝過所有君王的資財、豐富、尊榮。（參閱歷代志下一章7—12節）

我不僅驚嘆所羅門的要求，也訝異於另一件事：當他領受這令人無法置信的豐富恩典時，他才二十歲。

二十歲。

我問妳：有哪個妳認識的二十歲青年，當他擁有年輕所羅門王擁有的自主權時，會如此成熟又有遠見地運用這個天賜良機？這確實並不常見。

我也沒認識任何人能夠如此。

我唯一能想到的，就是這一定與所羅門父母的教育方式有關。

他的父親，大衛王，是以色列最受尊崇的人，一個特別受上帝祝福與人民愛戴的人，因為他有出眾的勇氣與領導能力。但他並不完美，不僅如此，他在個人生命與親職上，還犯下許多重大錯誤，但在養育像所羅門這樣年輕懂事、能如此謹慎回應上帝恩惠的孩子方面，必有正確之處。

我們在大衛講到自己兒子的部分，能夠得到一些線索。當時大衛站在一大群會眾面前（極有可能所羅門也在場），宣布他將傳位給所羅門，以及他如何為所羅門作好準備。他說……

我兒子所羅門是上帝特選的，還年幼嬌嫩。（參閱歷代志上廿九章1節）

很奇怪地，這聽來像是現代父母對愛說大話、自認無所不知的青少年孩子說：「聽著，小夥子，你可不是萬事通！」大衛誠實地公開自己兒子的缺點，聽起來幾乎就像當眾批評與指責所羅門。但為何這沒有使所羅門灰心喪志？為何所羅門聽到父親說出他的缺乏經驗，不會讓他覺得自己不及格或沒價值？為何這竟讓他更渴慕與熱心成為最有智慧的君王？

我認為，這部分必定與他父親在該節經文中，同樣放膽敘述的宣告有關：「所羅門是上帝特選的」。即使所羅門的弱點顯而易見，但大衛還是肯定自己看見上帝在兒子生命中的作為，他不只是私下肯定，而是在一大群人面前公開宣告。他直白地告訴人們，自己正為了所羅門未來可能承擔的責任，制定計畫與作足準備。儘管他兒子曾經有過失敗的經驗，但他還是鼓勵大家，幫忙提供大量財寶與建材，來建造後來所羅門建造的聖殿。大衛呼召他的孩子成就大事，並呼籲大家幫助他，他作出偉大的犧牲支持所羅門，即使目前看來所羅門還未成氣候，但大衛以此證明他對兒子為人處事的能力極有信心。

換句話說，大衛相信他的兒子，而這就使得所羅門渴望達到父親的期望。他不會因為父親的坦白而困擾，坦承他涉世未深等弱點，因為大衛的洞見伴隨著父親對孩子的鼓勵。結果，他教養出的孩子，懂事而精明到祈求上帝給他智慧，而不是其他一切迷人的選項。

大衛的例子教導一個有力的道理，若要教養出睿智、專注、敏銳與熱心於生命中真正重要事物的孩子，我們**就必須策動鼓勵**。就像大衛一樣，當所羅門的恩賜還未顯明是什麼時，甚至他的才幹還未受到磨練時，甚或他的領導能力還不完整時，大衛就鼓勵所羅門看見自己的潛力，並鼓勵他人也去看見所羅門的潛能，大衛沒有貶低或攔阻他的兒子，卻接納所羅門人生現階段的正常現象。當然，他當時只是個孩子，容易犯下涉世未深的幼稚錯誤，但他的父親看見他內在的君王，告訴每個人要預備好他將來的領導統御，即使所羅門當時的選擇看來並不符合現實發展情形。

這就是積極鼓勵的角色。

這就是妳。

策動鼓勵的人會對她的孩子誠實以告。她告訴他們必須聆聽什麼，即使那不是孩子們想聽的，她不會忽視他們的不成熟、錯誤與波折；然而當她提起這些時，語氣並非指責與放棄指望，而是選擇用啟發與鼓勵的恩典來調和誠實。她確保整體的氣氛與關係是正面肯定的，並且費心保護孩子的靈，她不會試圖強迫孩子更像某人，尤其是更像他的兄弟姐妹，即使她希望他們能比別人有更多進步時，她也拒絕要去互相比較的衝動。即使與自己期望不同，或比她希望的進度發展得更緩慢，她也寧可專心發掘上帝耐心成就在特定孩子身上的恩賜、天賦與技能，並盡可能培養它。

她就是知道上帝已經「預備」孩子「行善」的目標（參閱以弗所書二章10節），祂已使每個孩子分別成聖，成就上帝賜予的目標。

最終的目標。

因此從孩子幼稚年少時期，她就努力爭戰不灰心。甚至目睹孩子犯錯時，她也保持信心並鼓勵孩子，同時採取必要措施將他們導回正軌。

當她這麼做時，她不會任由自己屈就或聽信內心控告她是個差勁母親的聲音，而是選擇試著在生活當下階段放輕鬆，提醒自己也提醒懷疑她教養方式的其他人，上帝揀選她的孩子必有特定目的。即使孩子們尚「年幼稚嫩」，但她卻定睛在孩子的命定上，盡其所能地啟發、鼓勵孩子的獨有特質，並適當引導與糾正。她從不停止相信，目前身為**母親的勤勉努力，將會成為孩子日後成功的架構**。

她不斷鼓勵，且不允許孩子滿足於幼稚或屈就平庸，這是她表達愛孩子的方式。她鼓勵卓越，卻不苛求孩子達到別人主觀武斷的標準，而是在生活中每個領域，鼓勵孩子面對上帝命定的合理挑戰與潛能。她對別人讚揚孩子，也不羞於尋求正面與禱告的幫助，帶出孩子最好的潛質，她知道自己要作孩子最誠實的知己，也是最支持他們的啦啦隊長。

就像大衛一樣，她對自己的孩子有信心。

或許如此認真刻意的鼓勵，會使你那在二十歲通常不免迷失愚懵的孩子，懂得回轉向上帝並說：「主，賜我智慧。」誰知道呢？

當他們這麼做，妳就能倚靠上帝賜下他們所求所想。並賜下更多。

勇氣挑戰

- 記錄妳每個孩子的特質。妳能如何明確地鼓勵他們發展這些特質？
- 寫下孩子們常讓妳灰心挫折的幼稚行為。把這張列表放在能經常提醒妳為此禱告的地方，並想想能請誰在這方面鼓勵妳的孩子。

心靈對話

- 仔細思考如何能讓親子關係的調性，轉向充滿鼓勵與肯定。同時禱告上帝賜智慧幫助妳。

紀律訓練者

傑瑞與我最近遇到一個四十多歲的成功商人比爾，他已經結婚二十年，有兩個青春期的兒子。我坐在他的辦公室，津津有味地聽他聊著與家人的生活情形。他們夫妻倆與兒子們的親子關係極佳，彼此的互動充滿樂趣，每次的家庭時間都是一週的高潮時光。

我對這種極為罕見的青春期親子關係實在很好奇，因此我問比爾，要達到如此的成果有何祕訣。他的答案簡單卻也深奧，他說：「我們現在能夠這麼享受親子時間，是因為我們在兒子還小時，認真訓練、並灌輸他們紀律。我們決定了自己想要他們成為怎樣的成人，然後依此訓練，並堅持他們服從這些標準。這很不容易，但卻很值得。」

他繼續詳述來他家作客的人，如何驚嘆男孩們在晚餐前願意幫忙擺設餐桌，並在洗衣日協助媽媽將洗衣籃裡的衣服拿去清洗，而且沒有怨言。兄弟之間與對他人說話帶有的尊重，清楚顯示著他們發自內心地敬重家中其他成員。他們從父母那兒贏得的信任，一直完整無損，因為父母從小就教導他們負責的重要性。

但比爾不希望別人認為他的孩子完美無缺，他們並不完美，父母本身也不完美。他們當然也曾苦於應付各種狀況，但他們的孩子無疑是負責又體貼的人，其個性乃由關愛的父母刻意而有目標地塑造而成。

愛孩子的父母。

我無法用言語形容這段談話有多麼激勵我。隨著自己的兒子很快就要進入青春期，我們曾見過好幾對家有青少年的父母，他們都告訴我們沒有大家講的那麼糟。雖然也遇到許多人的看法與結論不同，但我們注意到那些曾有與現有最正面的青春期親子關係的人，全都有個共同的特點。

他們操練孩子的紀律。

他們就像比爾夫婦一樣，從一開始就建立目標，設定他們對孩子們長大成熟的期待，並且將特定計畫化為行動來實現。他們從不會覺得自己的孩子還小、太可愛而不能執行紀律與訓練的過程，身為操練紀律的父母，他們當然很謹慎地，不用不當的糾正方式來「惹孩子的氣」，而是身體力行「照著主的教訓和警戒養育他們」（參閱以弗所書六章4節）。他們明白，自律唯有在愛心的管教規範中才能建立。因此他們設立合理的期待，並且製造出特定環境，來讓孩子明白界線與基本規則，知道如何在界線內生活，還有若不遵守時會有什麼後果，一旦違規要立即施予符合其年紀的相應後果，而且說到做到。這對父母的標準清楚可靠，不會在以後果威脅後，卻沒有確實執行。

這就是愛。

我曾讀過一本書，上面說即使是一歲小孩，也能回應期望與紀律。我記得自己當時認為，對一個小寶寶要求那麼高簡直極不合理，但我也記得自己在教養孩子的過程中有多麼驚訝，因為我兩歲的孩子還真的會說「請」與「謝謝」，會收拾玩具並把吸管水杯放在水槽裡，而不是留在廚房餐桌上。當我向他示範該做什麼，並花些時間訓練他要怎麼做，我無法置信地發現，甚至是**小小孩也能在父母的教導與示範中學會遵守規矩**。我所做的並不是十全十美，但我是有目標地實行。

就是如此合理，不是嗎？我們無法期待孩子成為我們未曾訓練、強化他們成為的樣式，而且禮貌與吸管水杯的訓練，也適用於生活其他更廣的層面。

如果我要他們有責任感，就必須訓練他們對家事、作業與個人本分負責，如果要他們體貼，就必須規定他們對待手足與朋友要有禮貌，如果要他們尊重與服從權柄，就必須從他們對待身為父母的我們開始，同時也讓他們看見我們在自己家中、職場、教會生活與其他領域展現相同原則。

操練紀律的父母在養育孩子時，會心懷養育孩子的任務信條。如果她有兒子，她的信條可能不僅包括**責任感與體貼**，還有學習**如何尊重女性**，預備他們勝任未來家**中領袖的角色**。如果我們有女兒，對她的任務信條可能**涵蓋卓越**、**自動自發**、**體恤他人**，**以及重視端莊**。基於這些信條，操練紀律的父母會謹慎地運用方法，花上幾年執行必要訓練，讓孩子在生活中養成習慣。

我們認識一對育有五個孩子的夫妻，他們的任務信條還包含深切渴望孩子能尊重他人，他們積極鼓勵孩子超越一般責任，低調地為彼此表達恩慈。為了達成目標，他們經常詢問孩子要如何有計畫地尊榮兄弟姐妹，也許是為對方鋪床或清洗盤子，而不是只收拾自己的碗盤。

他們也很注重教導責任感，因此這對操練紀律的父母，抵擋自己不斷想要拯救孩子或幫孩子解決所有問題的天然衝動。當孩子忘記帶午餐到學校，媽媽可

> 自律唯有在愛心的管教規範中才能建立。

不會自動帶著餐盒衝到學校，當快到繳交作業的時候，爸媽會清楚提醒孩子，但有時也會讓孩子承受火燒屁股才來趕工的後果。如果已經清楚告訴孩子不要在屋內玩球，但孩子還是打破窗戶時，那麼孩子可以預期到，至少要用自己的錢負擔部分修繕費用。這些父母要他們的孩子明白，身為爸媽的孩子所能享受的許多東西，並不是權利而是特殊待遇，如果他們想保有這些特殊待遇，就必須學習，不要把這些待遇視為理所當然。

他們是操練紀律的父母，要養育出負責、體貼、尊重他人的年輕男女，看見上帝賦予他們的使命，最終開花結果。

我認識一位才剛把長女送進大學的單親媽媽，她絕對是利用創意與堅持來操練孩子紀律的專家。當她青春期女兒不盡責保持房間整潔，還斗膽宣稱這是她的權利，因為房間是「她的」之時，這位母親竟把門鎖拆了。這可是青春期女生最重視的隱私！但這個她女兒最無法想像的懲罰，也讓她清理了自己的房間。並讓她充分了解到，母親對自己即將邁入成年所展望的方向：**尊重他人、感恩與負責任**。

是的，成為操練紀律的父母需要時間與努力（有時還會需要電鑽）。這通常會帶來很多不便與不適，讓妳在家中名聲全毀。但操練紀律的父母願意這麼做，因為她的至高目標就是養育出負責、尊重他人、富有憐憫、體貼、謙卑、慷慨與慈悲的孩子，那是大家都喜愛與之為伍的人。**操練紀律是最終的良方，也是唯一能贏得孩子信心的道路。**

勇氣挑戰

- 當妳就這項決心簽名時，不要覺得自己必須成為完美的父母。相反地，下定決心對孩子表達合乎聖經的愛，把這視為起始點，擬出對孩子的任務宣言，並寫下一些可以落實這些宣言的小事。這份決心讓妳看見，孩子絕對有潛力成就真正的屬靈大器，而妳關心他們，願意給予他們必須成就為大器的一切所需。愛他們，妳要真真實實地愛他們。

愛我的兒女

我定意要教導孩子如何盡心、盡意、盡力愛上帝；並訓練他們敬重權柄，活出負責的生活。

實證者簽名

定意要使我家成為充滿溫暖的地方

恩典

他是個苦苦為生活打拼的推銷員，每天清早起床出門，一戶接著一戶向早知會拒絕他的客戶推銷，試著賣出公司的各種產品。日子漫長勞累，他的努力也鮮少有回報，但絕不是因為他不夠努力，只是沒人要買。

他年輕的紅髮妻子嫁給他時才十八歲。隨著家中人口增加，她費盡心力想著如何在經濟拮据的景況下，還能讓他們的小窩成為愉快、滿足的地方。然而，財務壓力已經大到讓她想要放棄的那天終於來臨，她伸手開燈，卻發現沒有燈光，她想這只是電力系統一時出了問題，於是她又去開另一盞燈，還是沒亮，又一盞，還是沒亮，這讓她肯定了她已經知道但不想面對的事實：他們沒繳電費，被斷電了。

更糟的是，他們也付不出電費。

接下來一整天，她盡力完成家務。當傍晚拉長的影子慢慢遮蓋了廚房時，她仍準備了簡單拼湊的晚餐，帶著愛心與尊嚴，將它們擺放在昏暗的飯廳餐桌上。她用手電筒找到幾支已經用過的蠟燭，點亮它們來營造浪漫氣氛。那真是一幅美妙的景象。

當丈夫回到家，因長途跋涉而疲倦勞累，他看見妻小坐在餐桌前，等著與他共進晚餐。他們享受了燭光晚餐，還有愉快的對話，孩子們還特別喜愛燭光營造的晚餐氣氛，覺得今晚真是有趣極了。即便景況如此，他們的家仍充滿平安與寧靜，孩子們甚至不知道他們生活狀況有多困窘。

她的丈夫也不知道。

他吃完飯就累倒在床上，床頭點亮了更多蠟燭，她始終沒有透漏任何一字。直到次日，當丈夫起床要去上班，他才發現燈不亮了，他在腦中回想著妻子的一切作為，她如何為他保留尊嚴，如何選擇**用平安與美，而不是衝突與紛爭來回應這項不便**。

那日早上去上班之前，他再次繞過床邊，撥了妻子臉頰上的髮絲，對著她耳朵呢喃著：「謝謝妳。」他不知道妻子聽見沒有，但他心中充滿太多感恩，一定要抓緊機會讓她知道。他感恩能與一個決心付出恩慈、促進和睦、輕看缺點的女人，共組家庭、共享人生，即使環境艱難，但他的妻子卻創造一個美好的環境來滋養家庭。

在他們結婚五十週年紀念日時，成年的孩子與孫子們站在他們身邊，要求他分享婚姻中最美好的回憶時，他想到了這一刻。

我們看到一個活出恩典的女人。

無論妳已婚還是單身，妳的家是個神聖的地方，而妳就是神聖的管家，被授予責任與殊榮，來創造一個氛圍，使上帝能自由對妳施展恩典，使家人也能透過妳感受並察知上帝的恩典。妳的家是妳灌溉和睦，讓家人與進入家門的人都能享受這份和睦的地方。

這一切聽來覺得遙不可及嗎？因為妳已經有這麼多家事要做，有壓力要面對，有爭吵要調解，還有一堆問題要解決。或許在妳看來，妳的家就是妳覺得最不可能留存和睦的地方。

但**妳就是負責維持和睦的人**。我們身為女人，主掌家庭生活的氣氛、心情與生活品質，這非關安排更美的裝潢、更仔細的規劃、更好的家具或更先進的家電，因為許多人擁有這一切，卻仍沒有平安。事實上，這是關於認知自己基於聖靈加添力量的決心，改變家中屬靈氣氛，注入簡單卻超凡犀利的……

恩典。

我在青少年時就認識這位長我十歲的牧師妻子蘿達，有天我們聊到家庭與家人時，她靠向我輕聲說出這令我獲益無窮的忠告：「普莉希拉，**妳的家能夠經歷多少平安，端視妳施予多少恩典**，妳要隨時隨地施予恩典。」

施予恩典。

恩典，就定義而言，就是「對不配得的人表達恩惠或恩慈」，這表示要我們放過那最該歸咎的人。這正是上帝賜下救恩，讓我們脫離罪惡的意義，儘管我們都惡貫滿盈。

律法本是藉著摩西傳的；恩典和真理都是由耶穌基督來的。

（約翰福音一章17節）

基督降臨前的摩西律法，是上帝子民的生活標準。它們是一連串的律例與規範，若人做不到，就會帶來罪咎與羞恥，但是當基督來臨，祂挪去人們對律法的恐懼壓力與捆綁，取而代之的是柔和、懇求般地，邀請人們與上帝建立個人關係，而這也是祂自始至終對祂子民的渴望。耶穌藉由親自成全律法，確保我們的盼望與救恩不再建立於我們試圖達到律法的過程，而是不斷努力尋求祂的肯定，而這肯定是我們單單藉由相信祂、信靠祂、領受祂的恩賜，就已得到祂的肯定。

祂的恩典。

結果就是，我們也**得著祂的自由。**

當我們領受上帝的恩典，也就是祂的「禮物」（參閱以弗所書二章8節），發現祂每一天都用愛赦免了我們多少虛榮與過犯時，我們突然有了動力，對身邊不配得的人施予恩典。就像耶穌對我們的耐心、接納、理解、恩慈，靠著祂的恩典，這些都成為珍貴的祝福，而且我們不僅領受，同時也向他人傳出去。

當妳家中與生活中的人們知道妳不輕看他們，或者不會因為他們的缺點而對他們頤指氣使，妳就已送給他們一份貴重的禮物，也是妳將收到滿溢不絕的禮物。恩典，那是能夠真誠地，並依照他們的本相接納他們的恩賜。

那不就是妳自己渴望擁有的感受嗎？那不就是妳渴望別人在與妳的感情中經歷的自由嗎？

當妳透過恩典的鏡頭來看，每個困境、每種問題、每樁潛在災禍、每次家人的軟弱與失敗、每個不盡理想的情況，就變成施展憐憫與恩慈的嶄新機會。要彰顯憐憫，凡事往好處看，甚至在最壞的情況下也要如此，因為施予恩典的女人，定意在桌上點亮燭光，而不是在黑暗中生悶氣。她讓家人享受現有的，而不是只看自己沒有的。她不要周圍的人如坐針氈，總要去體恤他人的情緒起伏，或好好遮掩他人的失敗，不讓他們承受被誤解的恐懼。

她把和睦放在首位。

她讓恩典主導家庭。

這位女子定意讓自己的家，成為親友在地上找到天國的安全地方，那些進入她家門的人，找到了抓住他們、包裹他們、撫慰他們、擁抱他們、吸引他們圍著和睦的餐桌用餐，享受彼此溫暖陪伴的平安，因為家人接納他們，心存感恩，更滿有恩典。

這就是革命。

當耶穌賜妳恩典，那份恩典豈不徹底地改變了妳的生命？如果妳當時太年輕還不了解自己的生命需要多少修復與悔改，祂的恩典豈不一直使妳在敬拜中流淚？**恩典改變一切，恩典無處不在。**只要想想在妳努力透過笑容、擁抱、親吻、輕拍與寬容的眨眼時，恩典能成就的一切，將有可能讓這地方、這些人在一個月之間，完全更新到妳幾乎不認識的樣貌。

就像以前，當耶穌賜給妳生命恩典之時。

來為自己列一張表吧。妳好相處嗎？妳是否自然而然地讓所愛的人覺得受到接納？抑或妳不斷記錄他們的過錯與失敗？當家人盡力想來討妳歡心，他們會看見妳臉上亮起了感恩，還是妳根本就沒注意到他們為妳所做的，而讓他們真誠付出的心得不到滿足？妳是否用妳難搞的個性挾制人呢？妳是否因為要做太多服事，而自覺像個殉道者呢？

或者……

妳是否記得基督所成就的，遮蓋妳生命中每個隱而未現的失敗，釋放妳脫離那些使妳永遠無法安寧、無法活出豐盛生命的捆綁？妳是否極欲向家人表達這相同的自由感受呢？

一個施予恩典的女人，她會讓家人享受現有的，而不是只看自己沒有的。

放過他們吧。我知道他們不配得。

但妳不也是？**上帝總是有恩典。**

勇氣挑戰

- 好好去觀察一個妳欽羨的家庭，列出他們使恩典影響家庭的三種態度與行為，不僅僅是與妳的互動，還有他們彼此的互動。

心靈對話

- 妳覺得在家中彰顯恩典的最大挑戰是什麼？對上帝坦承以告。求祂使妳「得安息」，讓祂「柔和謙卑」的心透過妳彰顯出來（參閱馬太福音十一章28—29節）。靠著祂，不是靠妳自己，這就是為何人們稱之為恩典。

OK

有時當我只是說了「OK」，那些高牆就倒下了。這兩個簡單的字母竟然能夠讓這麼多爭吵終結，真奇妙。除了呼求耶穌自己的名字，我想這是我們語言中第二有力的字了。

——一位決心活出恩典的三十歲女子

我們總希望自己是對的，而且也要其他人同意我們是對的。這就是為何在生活、婚姻、家人與家庭裡最困難的事情之一，就是要克制向家人炫耀自己是正確一方的衝動。我們總想成為爭執中勝利的一方，想盡辦法讓對方在羞愧中舉雙手投降。我們覺得自己的明智有權被對方聽到、理解、同意並採取相應行動，我們拼命發言，停止聆聽，斥責對方，勢必要讓他們精疲力竭，讓他們投降屈服。

家庭本應是大家能夠放鬆休息的地方，但家中其他身處紛爭邊緣的成員，在緊張氣氛裡如履薄冰，盡力避開家中的紛爭風暴，同時又覺得被排擠、被孤立，納悶這一切究竟要如何解決。

這都是因為大家都要當對的那位。

但這不對。除非有人夠大膽、夠自信、夠有勇氣，以及夠有恩慈，能展現慈憐關愛、謹慎地默認，並說……

「OK」。

爭執結束，且畢其功於一役。這不是因為人們的要求或喜好得到滿足，而是因為他們更喜愛和睦勝過憤怒，渴望和好而非爭吵，他們想要一個豐富而非枯竭空虛的家，想像一下，那種長久迴盪著劇烈爭吵所帶來的喧鬧與混亂，然後由冷戰傷痕轉變成的心死冷漠。

只要一個OK，就能改變一切。

這不是什麼新世紀哲學；這是古老、聖經裡的金玉良言：

回答柔和，使怒消退；言語暴戾，觸動怒氣。

（箴言十五章1節）

真正有智慧的女人不會總要別人聆聽她、敬重她，有時為了保護與維持關係，為了讓家中找回平安，她會選擇以柔軟、細膩、溫和，來替代尖銳、衝突、傷害與痛苦的方式，她定意不去引發激烈爭執，因為經歷戰火後，自己只會被灰燼掩埋許久。她已看穿情緒失控與失衡的批評，願意回歸到真實情況，明白自己大驚小怪的事情，可能只是情境中毫無意義的芝麻綠豆小事。她不要為了微不足道的小衝突輸了家庭，她不會只為了要看對方受到壓力屈服而激怒人，她恆有耐心，帶來暴風雨中的平安。

這使她成為有智慧、有恩典的婦人，但這不表示她好欺負，可以任人踩踏。她不會屈服或甘受欺壓，也不會狂妄自大到對人不予理會，她的言詞不帶嘲諷，臉上沒有譏笑。她外柔內剛，因為上帝已賜她內在的勇氣，讓她喜愛接受不同意見的長久益處，遠勝過贏得暫時爭吵後，短暫又微弱且不能滿足人的勝利。

因此。

她。

說……

「OK」。

雖然不容易，但這能達成目標，而且強大、更有影響力。

她深呼吸，再吐氣，強迫自己展露笑容，而那是單靠人性力量挖掘不到的內心深處，所發出的釋懷嘆息和微笑。接著她憑著對上帝的偉大信靠，說出這簡單的兩個字，重新校準整個經驗，不僅為了自己，也為了牽涉在內的所有人，那些她深愛並定意要滋養的人。

「OK，」她輕聲說。

最後，她贏得最偉大的勝利！

勇氣挑戰

- 讓這份決心成為家中的習慣，確實需要時間與操練。下定決心以簡單的方式，盡妳所能地在往後兩天運用「OK」這兩個字母，並記錄這麼做之後，對自己人際關係的影響。

心靈對話

• 禱告思想該如何把以下經文信息應用在現在的生活中：

溫良的舌是生命樹；乖謬的嘴使人心碎。（箴言十五章4節）

恆常忍耐可以勸動君王；柔和的舌頭能折斷骨頭。（箴言廿五章15節）

走出百老匯劇場

現在妳已設想好幾個精挑細選的角色，還有一份完成許久的劇本，每段場景發生的劇情都經過妳謹慎計算，有計畫地預演。妳很肯定這齣戲劇鉅作會受到每個人的歡迎。

畢竟，這都是為了他們的益處寫成的，他們自身的益處。因此妳預先演練，一次又一次，扮好自己的角色，並且幫每個人設想好一切，包括他們應該講的台詞，應該作出的表情，聲音該如何抑揚頓挫，還有面對特定情境應該發出的反應。每天早晨當妳走出臥室梳妝間時，每個演員都已被分派決定好角色，妳手中握著對生活舞台上演員的高標準，以及對細節的期待。

本齣戲的製作只有一個問題。

除了妳，沒人知道這齣戲的存在。

其他演員從沒簽署同意參加。他們不知不覺地活在自己從沒答應演出的角色裡，也沒發現妳正期待他們扮演好妳所指定的角色。但現在妳生活腳本中的固定班底，丈夫、女兒、兒子、父母、朋友，都成為妳期望背後的奴役，被妳未經授權就幫他們寫下的角色所俘虜。他們想作自己，體驗在其他地方所體驗的相同自由，但在家裡，脫離角色可能會讓他們付出慘痛代價。

那就是妳臉上的崩潰表情。

妳以震驚的拒絕作為回應。

妳聲音裡的不贊同。

顯然妳不會讓任何人來搞砸這個製作、腳本與戲劇，他們不會偏離角色，只能繼續配合。他們沒得選擇，因為妳不讓他們有所選擇，但在這過程中，他們失去自我、忘了自己的真我。他們學會活在沒有自由、沒有真實，最終沒有喜樂的生活中。

他們照妳的吩咐去做，這樣比較容易。

但與恩典女子一同生活卻不是如此。

她承認自己確實為生活與環境預先設定好劇情，彙集了過去的經驗與假想，我們每個人或多或少都會

> 恩典是妳所愛的每個人等待從妳身上領受到的笑容……好讓他們能在妳身邊作真實的自己。

這樣寫下生活的腳本。我們把自己的期待帶入這份關係、這段感情，帶入現有狀況，帶入環境的安排之中。從前我們未必會完全照著劇本的一切要求每個人，但這主要是因為我們並非真知道自己有這份期待，直到真正開始面對家庭生活。現在，既然身處家庭中，我們的期待開始大聲而清楚地竄出，露出令人吃驚的真面目，狡猾又厚臉皮。

但從現在開始，真正有恩慈的女人會離開導演椅，將家人從自己創造的幻想世界中釋放。

一旦真正誠實地面對自己，就不難看見我們心中預想所造成的傷害，它們會是家中衝突、緊張、分歧底下的熊熊烈焰。因此，定意活出恩典的女子，雖然不會降低對他人的期待，但**會刻意地不斷修正自己**。

定意活出恩典的女子不會建立不切實際的期待並強迫每個人配合，而是先看清現實，然後依此塑造期待。她會設法辨明所愛之人的真正需要，調整自己的看法，好讓她能成就對方的最大益處，培養讓家人能真正興旺茁壯的氣氛。

這就是恩典的果效。它會釋放人，給予自由，挪去壓力，它給予空間，鬆弛緊張，給予准許，表達接納。有位牧師曾形容，**恩典**是潤滑摩擦與緩和緊張的膏油，也是生活的防鏽潤滑劑，**能化解僵局並舒緩尖銳的不合**。恩典是妳所愛的每個人等待從妳身上領受到的笑容……好讓他們能在妳身邊作真實的自己。

該是讓想像的舞台落幕的時刻。光鮮亮麗不再是我們要求的，誰需要它們呢？我們渴望真實更勝於編排好的故事，渴望真誠的感情與輕鬆的氣氛，而非粉墨登場的臉譜與害怕越界的對話。我們想要生活，真正的生活，受到有力、大能、甜美和睦的澆灌。

定意活出恩典的女子，就能擁有這些。

勇氣挑戰

- 妳心中是否也有一份完美劇本？如果是，妳是否看到家人因妳的期望受到的負面影響？
- 妳是否覺得調整自己的期待，就是意謂著要降低標準？為什麼？
- 哪些人、電視節目或外界影響，會催化妳想要強迫現實生活以吻合過度完美的幻想？妳要如何減低它們對妳的影響？

- 如果妳一直受制於某人的要求與指示，妳要如何以尊重對方的方式表達妳的擔憂和感受，並且謹慎地扭轉情勢，讓自己能獲得自由？

心靈對話

- 描述妳對「恩典」的定義。分享妳記憶中曾經歷最深刻的恩典；並再次將感恩的心歸給上帝。

安息的空間

低於冰點的溫度加上冬雨，在二月帶給達拉斯（Dallas）令人驚異的異常天氣；雪與冰覆蓋了道路與橋梁，造成一整個星期的停班停課。我的三個年幼兒子待在家沒去上學，渾身是勁地把握這稀有機會晚睡晚起。當市府修路人員正在盡力維護交通安全時，這一帶的家庭仍被迫待在家裡。

當然，以前也遇過大雪天，但妳也許會覺得很好笑，怎麼幾吋的雪（甚至還沒下）就可以癱瘓這個南方城市。這種天氣對我們而言特別難熬，一般來說，我們平日根本就沒為這種低溫作好準備，因為這裡鮮少有人會準備應付長時間待在室外的冬衣。

所以多數人都待在家裡，享受這罕見的機會逃離日常差事，放鬆一下並花些偷來的空閒與所愛的人共處。

對嗎？

呃……也許不是。

儘管我在下雪的冷天窩在家裡沒有外出，我卻在網路上看見新聞頭條寫著：「達拉斯沃斯堡（Ft. Worth）充斥幽閉煩躁症。」這段報導接著刊出當地人講到自己飽受幽閉恐懼症所帶來的痛苦，他們感到幽悶、煩躁、與世隔絕。

聽聽以下的說法：

- 「又是雪又是冰，溫度甚至只剩個位數字，接下來該不會有蝗災吧？」
- 「明天又停課！我待在家裡要瘋了！」
- 「這毀了我本來完美的一星期，現在我得用掉兩天私人事假了。」
- 「唉，這真討厭……整棟樓都停電！好極了，現在代辦事項可以再加上『困在停電的家中！』這還真是棒呆了。」

我的天哪，妳以為被迫待在家享受得不到的休息與放鬆，會是一種……禮物？它會美妙地暫時停止我們過滿的行程？然而根據這篇頭條報導，人們卻覺得好像患病一樣，他們感到無聊，等不及要回到忙碌生活了。

這些事實正在透露一些事，不是嗎？我們已經對不斷忙碌（甚至是壓力！）上癮到根本再也不知要如何放鬆了？我們如此急切表現與達到完美，甚至看不見慢步調生活的任何價值？我們是否已經太習慣沒有平安，也就是無法欣賞平靜之美，甚至在獲得這個機會而沒有其他選擇時也是如此？更糟的是，我們對下一代的示範就是：平靜、簡單但充滿樂趣的家庭時間，根本毫不吸引人？

定意活出恩典的女子，會極力對抗阻擋休息的文化。她明白，唯有當她刻意偶爾為自己與家人營造界線，隔絕向來忙碌、吃力的活動循環時，才能體驗平靜。因此，她負責有意地計劃、找機會，來實行平靜安穩的古訓。她深信要「休息，要知道我是上帝！」（參閱詩篇四十六篇10節），才最有可能在家中經歷上帝的同在。

當上帝正鉅細靡遺地指示摩西，要頒布給祂所愛的以色列子民須遵守的原則時，我相信，這項原則正是天父心裡所想的。在歷經四百年持續不斷、日日服侍埃及法老的緊張生活後，上帝揀選的這一代，終於嚐到了自由。在上帝釋放他們的過程中，他們也獲頒這條顯著的命令：

當記念安息日，守為聖日。（出埃及記二十章8節）

「安息日」是由希伯來文「Sabbath」而來，意思是「停住」或「中斷」，上帝要求祂子民所做的，和他們成長中向來習慣的活動恰好相反。上帝不要他們無休止地工作，日復一日，把心力放在費力的事物上，而是要他們停下來，**刻意地騰出時間靜默享受祂尊崇休息、回復元氣與靈性專注的時間**，使他們繼續經歷自由，不僅在理論上，也在最實際的經驗上經歷。換句話說，安息的原則與以色列人在埃及受到奴役的經歷完全相反，也保護他們陷入另一種形式的捆綁。

雖然不再受制舊約律法，但這項安息原則對我們同樣具有新的意義和影響。

我們急切地想要包攬所有事的天性，全都顯露在那些擁擠的空間裡，排滿的日程表、塞滿的衣櫃，還有無法關閉、好好靜下來的混亂頭腦。我們成了忙碌的奴隸、行程的奴隸、混亂家庭與生活的奴隸，腦海中的某一個念頭無法存留超過三十秒，混亂又永無休止，事實上，我們根本鮮少留空間給……空白。就像以色列人一樣，我們已經太習慣持續不斷地活動，甚至當有機會靜默時，也禁不住覺得不安。

所以，為了保護自己不受混亂的控制與捆綁，必須刻意營造「安息的空間」，也就是生活中刻意保留的清靜清晰空間，好使我們能享受上帝所賜予的自由。如果不這麼做，就會不斷讓自己受到更大的捆綁。

無論是實質、形式或靈性上，再沒有什麼比一個自由之身反將鎖鍊套回身上更可悲的了。除非將這個真理仔細教導給下一代，否則將會把自己腳上叮噹作響的喧囂鎖鍊，同樣套在他們身上。

妳可以停止這惡性循環。

我有個朋友覺得這對她而言特別困難，雖然她和家人已經決定在星期日下午騰出一個安息空間，相聚放鬆一下，但她發現自己卻在那段時間忙著打掃家裡，有時還會要求丈夫，特別是孩子們一起加入，結果沒人得到休息或享受到彼此的陪伴，因為媽媽瘋狂督促每個人使用「休息時間」工作！對她而言，讓家人作回自己並享受生活，才是真正的挑戰，更是一項操練。其實，這對我們多數人而言也是一項操練。

但讓我們著手操練吧。

就從我所謂的「十四挑戰」做起。在歷史上，每七日就有一日安息日，也就是一星期的百分之十四，讓我們從「十四」這個數字開始守安息日吧。看看妳的日程表，決定每天何時可以空出十四分鐘，留給自己、留給妳和丈夫（如果已婚），或讓全家人能利用這時間聚一聚。雖然十四分鐘聽起來不長，但妳可能會震驚這有多難達成與維持，同時也驚嘆著，這段時間讓你們恢復元氣的功效有多顯著。

在週末時，鼓勵孩子們每天至少花十四分鐘，進房間安靜地閱讀或玩耍。這能夠教導幼兒與青少年，在沒有電視、電動以及其他娛樂的狀況下，也能生活得安然自如。妳家的青少年可能在一開始會覺得不能上臉書（Facebook）或推特（Twitter）的空閒時間實在很茫然，但他們會克服這個階段，而妳會教給他們寶貴的一課。

如果妳已婚，我也要鼓勵妳定下某一週或週末，作為夫妻的安息空間，能夠與一年中其他五十一個週末切割，適當調整並恢復元氣。妳需要這麼做，妳的丈夫也是，你們的關係亦然。

但這不表示你們一定要花大錢到某地度假，而是只要遠離某些活動來休息一下。花一週「休假」脫離氾濫的科技與慣常行程，就可以令妳煥然一新，像是善用機會從事一些妳平常沒時間做的活動，例如探訪年長親戚，把一本小說從頭到尾讀完，清理衣櫃，整裡去年的相片以編輯成冊，或只是打個小盹。重視安息空間會讓妳更清爽、輕盈、預備好照顧自己的家庭，而不會容易因為小事感到沮喪挫敗或壓力過大。

但妳不僅要計劃騰出時間，還要想想如何把這應用在家庭可見的環境中。就像妳的行事曆很容易工作爆量一樣，我們的家也可能成為嘈雜混亂的坑洞，使它們不但不像避難所，反而更像我們極欲逃出的洞穴或地牢。所以何不在家中創造些「界線」？就如同妳從每日作息清出十四分鐘，也要每週一次在家中清出十四吋的空間。

也許家中凌亂的置物架有四十八吋長，但妳規定自己只要清出一呎空間即可。下個週末，再清出另一方十四吋空間。記得別過度投入，試圖為整個家來個徹底大掃除而壓垮自己，因為**妳不能一次做完所有事情**。

把這當作對上帝的順服，甚至是充滿讚美的敬拜，開始給家中一個呼吸的空間，刻意擁有一小塊區域，直到妳把成堆的無用之物轉化為平安與喜樂。只要持之以恆，幾個月後，有一天當妳醒來時，會發現家裡變得井然有序、更能為上帝所用，而這都由一次十四吋的空間整理開始。

我知道最能令我精神一振的事，就是當我走進衣帽間時……發現我走得進去！我很享受能夠滑動桿上的衣架，清楚看見我選擇要穿的衣服。如果衣服塞得滿滿一堆，使我甚至無法挪動衣架，我就會沮喪火大，但若是我這星期在家中騰出十四吋適合居住的空間，下星期又挪出另外的十四吋呢？很快地，我就會得到一百分的滿足。

所以，來想一下，這週妳家中的衣櫃是否有某格空間可以好好整理一番，清出一小塊區域好讓妳取回多一些生活空間？有沒有哪些角落或隱蔽處，成了堆放東西的地方，而那些東西其實可以移走或改放到閣樓裡？有沒有哪個工作檯面，可整理掉一些無用而不必要的雜亂？廚房抽屜裡那些各式各樣、卻似乎毫無用武之地的小東西呢？

那些堆放東西的「停損點」又在哪兒？

唯有活出恩典與追求和睦的女人，才能優先看見安息空間的價值。她不怕靜默或留白所流失的一切，她捍衛並歡迎界線，她看見它們的珍貴，她知道若太多樂子全集中在一起，就沒什麼好享受了。如果重要事物都被埋沒在一堆雜事雜物裡，她就不知道要如何處理。所以她會花幾分鐘仔細檢視時間與空間，然後決定認清，得到平靜的心，比拖著所有蠶食鯨吞自己的成堆事物，還更為重要。她會放手，在家中引導出平靜的環境。讓如今的家是個享受的空間，而不是背負重擔或受奴役的地方。

家是安息的空間。

妳的家，妳的每一天、每一週，妳的生活都需要安息空間。如果妳完全不知道如何創造，**恩典會引導妳創造出來。**

勇氣挑戰

- 當妳繼續前進簽署這份決心時，謹慎思考有關這項決定的實際面向。妳可以著手採取哪些行動，在家中實現恩典與平安？

活出恩典

我定意要建造和睦的家庭，使每個人不僅透過愛與服務的行動；也透過我對他們喜樂並感恩的心，經歷上帝的同在。

實證者簽名＿＿＿＿＿＿

定意要活在今日、心懷未來

智慧抉擇

善人給子孫遺留產業。（參閱箴言十三章22節）

我哥有一次造訪另一個城市的教會時，遇到一位很有意思的年輕人。他們在彼此認識閒聊幾句後，這位年輕人開始對我哥講到他的家人，以及祖先留下的有趣傳承。

他的曾曾曾曾（不管幾個「曾」，都已經距離他七代以前）祖父是美國開國元勳，是個傑出的政治軍事領袖。他主持一七八七年五月的憲法會議（Constitutional Convention），大幅影響我們創新政府的架構與確立。

他就是美國第一任總統，喬治・華盛頓（George Washington）。

但在美國歷史形成的那頭幾年，許多關於共和國該如何組織運作的問題尚待決定之時，一個相對小眾卻積極的公民團體，有意讓華盛頓成為美國國王而非總統，因為他們急需長遠使用他的領導才能。

這表示他的家族後代能自動繼承王位與頭銜，而且如果他想要，他也有權力可以讓這種世襲制一直維持下去，特別是如果他認為這對國家最有益的話。

「換句話說，」這位喬治．華盛頓的直系後代對我哥說：「如果他當初作了不同選擇，現在我就是國王了。」

一個決定。

也許只是一個人的決定。

它對這世代產生的漣漪效應，會造成驚人的效果。

我心想，華盛頓在作下決定時，是否心中也正想著這個道理。我很好奇地想知道，當他作下決定時，理性上是否曾想到關於留下產業給後代這個問題。當然，我問不到他，但是……

我可以問妳。

今天妳在作決定時，是否想到這個決定對未來的影響？當妳在安排優先要務與養成習慣時，妳是否有想到孩子、孫子們，他們將來記得並從妳身上繼承的品格？當妳在花費金錢、展現時尚品味、開口說話、運用時間時，妳是否想到這選擇不只是為了妳自己，也不僅是為著當下作的？妳是否想到自己的選擇，會影響到後代的人？想到也許妳的態度與看法，會影響到一位妳幾乎不認識的年輕女孩，甚或是有一天聽到妳人生小故事的陌生人？

這些是妳今日在作決定時，心中應該謹記的問題。此刻妳的回應、妳訂定與活出的決心；這些決心現在就有重要性，而且……

它們會繼續產生影響。

它們就是妳的傳承。

一般而言，我們知道所謂傳承，就是一種產業繼承，也就是人離世後遺留給後代的禮物、產業。通常這種移轉會謹慎寫在條理分明的法律文件上，詳細寫下土地、金錢、財產與所有物如何分配給所愛的人，清楚記明誰得到哪幾件珠寶或某件家具。儘管這些安排被視為有效而高尚，因為這會將有形的連結代代相傳，但人們通常花上更多時間來籌劃物質的遺產繼承，更勝於屬靈的產業傳承。

信心、憐憫、感恩、忍耐、饒恕、耐心與愛心的傳承，應該要謹慎經營並刻意留傳後代。那些不是透過精於盤算的投資，而是透過生活行動展現的禮物，那些禮物不是保留給重大節日與精心打扮的活動，沒有大張旗鼓，也沒有慶祝的煙火，而是在週二與週六早晨，當妳還穿著運動褲時。

這只有妳能做到。在今日選擇活出影響未來的生命。

這似乎是摩西與上帝子民在曠野中逗留四十年，站在應許之地的外緣時，心裡思想的最高指導原則。摩西站在那兒，已經一百二十歲，快走到人生的盡頭，他在臨終時與摯愛的家人與同胞分享這重大信息（參閱申命記廿八—三十章）。

他講到傳承。

他講到屬靈的產業。

他鼓勵上帝子民**今天在作下決定時，要心懷未來。**

看哪，我今日將生與福，死與禍，陳明在你面前。

吩咐你愛耶和華你的上帝，遵行祂的道，

謹守祂的誡命、律例、典章，使你可以存活，人數增多，

耶和華你上帝就必在你所要進去得為業的地上賜福與你……

我今日呼天喚地向你作見證；我將生死禍福陳明在你面前，
所以你要揀選生命，使你和你的後裔都得存活。

（申命記三十章15—16、19節）

上帝的子民在今天藉著選擇愛上帝、抓緊祂、委身順服於祂，就能期待日後能長久存活且世代興旺，成為終身充滿上帝喜樂與平安的民族。這會使他們與其子孫領受他們與上帝立約的一切益處，為了回報他們忠心的選擇，上帝確保他們擁有「生命」，那是神聖保護與供應的應許傳承，將會傳給子孫作為他們的基業及與生俱來的權利。

我思考著，若人們仔細聆聽摩西話中的含義，好好思想上帝所賜下的恩典，就會知道，在腳邊嬉戲打鬧的孩子們，全都平安長大成人並且經歷全然豐盛的美好益處，**都源自於敬虔的父母，選擇以上帝所喜悅的方式生活。**

我也在想，當摩西呈現出另一選擇：死亡，此時他們在心裡與異象中是否也同樣沉思著未來。作下這番決定會造成同樣明確的後果，例如悲慘、失去天國祝福、脫離上帝保護的不安，還有糟糕的事情、恐怖的長期副作用，那些遠比妳在煮飯時看到處方藥廣告上的副作用更恐怖。

兩種選擇。生命，或是死亡。

說真的，我們還有選擇嗎？有任何人會明知故犯地設法「在邪惡上堅立自己」（參閱詩篇五十二篇7節）？揮霍那恆久、屬神的基業，以及所有唯獨上帝才能賜下的祝福與恩惠，而且這祝福與恩惠不僅是留給自己，也是留給未來世代的？

是的，他們會。

我們也會。

無論是否明知故犯，每一天每當我們作下違背上帝旨意、計畫與應許的微小決定時，就是在揮霍產業。我們在會朽壞、蟲可蛀的遺產上簽名，將它們留給上帝託付給我們的人，當我們漠視上帝的優先順序，不顧他人而作下不智、自私的決定時，就是在破壞身後留下的產業。我們留下心痛、混亂、困苦、不必要的艱難，甚或是有待對付的屬靈咒詛給後代。

也許妳對這個真相再清楚不過，也許妳就是父母

妳今天願意選擇愛上帝、抓緊祂、委身順服於祂，上帝就必確保妳的後代擁有「生命」——就是神聖保護與供應的應許傳承。

不智決定的受害者，他們遺傳給妳的是癮癖與妥協、債務與不饒恕、失敗與破碎自尊。也許妳的父母不是故意要留下這些東西給妳，但他們還是留下了，因為每當他們作決定時，都沒有心懷未來，有目標地作下特定而一致的片刻決定。當他們選擇享樂與刺激而非聖潔與忠誠，當他們選擇軟弱與自私，而非刻意順服或不變的愛，他們就在無意中作下決定，把包袱放在妳成長的門口，造成妳通常得花上好幾年才能清除的混亂。

但**無論妳得到什麼遺傳，妳都可以早晨醒來，在人生的白板上寫下新的決定。**妳可以重建產業分配條款，重新聚焦新的重點與章節上，妳可以重新命名繼承人，並辨明妳打算留給後代的產業。這是妳的機會，讓妳留下傳承，一個不同的傳承，一個嶄新的傳承。

全都從今天開始。

這就是愛琳要好好活著的原因。她是八個孩子的母親，她先生日夜工作才能養家，他不斷出差，盡力做好工作，但這對愛琳而言實在不容易，她的兩個孩子出生就夭折，自己的健康也有問題，甚至一度被迫與家人越過半個地球才能保有活下去的指望，生活艱苦，一天比一天難當。但她從年輕時就已決定要留給摯愛的孩子可貴的產業，因此雖遇諸多困苦挑戰，她還是把生活的每一天視為儲存產業，她委身家庭，對上帝信實，她讓八個孩子坐在腳邊，帶他們讀經禱告。她全心投入上帝給她的工作，這不容易，但卻很值得。

今天，她九十二歲，擁有十三個孫子與廿一個曾孫的龐大家族，當她劬勞的果實圍繞她身旁時，妳可以看見她眼裡的光芒。當她看著子孫浸潤在上帝的保護與供應中，她滿足地嘆了口氣。妳可以看見那些生命溯及愛琳家門的人，他們生命中的上帝福分，妳可以看見愛琳的智慧決定得到了回報。

這也可以成為妳的傳承。

一切都還不會太遲。

今天，精確說來是接下來廿四小時中，令人大開眼界的抉擇就在妳面前。它偽裝成妳的下一個機會、下一個選擇、下一個提議，現在妳就有機會透過摩西的聖經洞見看透它們；要將它們視作生死之間、微小卻重大的決定。

我們當真有選擇嗎？

選擇生命。

睿智選擇。

因為妳所留下的產業就取決於這個決定。

勇氣挑戰

- 妳如何看見或親身經歷到他人生命中，因著個人選擇所留下的長存果子？妳又如何受到它們的傷害，或是受到它們的祝福？
- 哪些決定會在往後幾天、幾週或幾個月內出現，而且將帶給妳機會影響留給後代的產業？現在妳該怎麼做，以預先確保自己能作下智慧的決定？

心靈對話

- 列出那些對妳而言最重要、最渴望留予屬神產業的人；並將他們天天帶到妳的禱告中，記念祝福他們。

意料之外的傳承

她坐在我對面，手拿冒著熱氣的咖啡杯，傾身與我對話，每次我與她說話時，她都是如此專心而親密。

我阿姨，在她一生六十七年的歲月裡，每年從倫敦造訪美國一次，正與我一起坐在家裡分享著晨雨時刻，窩在我的舊沙發上，與我吱喳聊著女人心事。她以純正的英國腔，與我分享最近上帝教導她的功課。

我聆聽著。

我的意思是，我總是聽她說。

她的洞見沒有一次不讓我全神貫注，並引我深思。她認真研究聖經，因此聆聽她對屬靈事物的智慧，就像聞著她最愛的微微刺鼻香氛，緩緩瀰漫在空中。她從不缺乏人生故事，她到過一些我從沒聽過的國家，這些閱歷都成了迷人的故事，她在與世界各族群分享上帝話語的過程中，所看見上帝聖靈的神蹟與工作，都會令妳瞠目結舌。

還有她形容上帝奇妙工作的細節，還有那些私密的事情……

都不禁令人屏息聆聽。

但此刻她比平常都嚴肅，從她棕色方框的眼鏡後面看著我，她的手緊握著咖啡杯，彷彿心中充滿感傷。因為就在今晨，她講到比較私人的事情。

單身。

膝下無子。

她的旅途充滿這兩者帶來的渴望與失落。有幾次她幾乎已經要定下來，但……她最終都沒有感受到上帝要帶領她與另一個男人結為連理，而她也覺得無所謂，漸漸地也習慣了，她接受上帝要她持守獨身，單單滿足於祂的呼召。沒錯，雖然掙扎了好一段時間，但最終還是順服上帝。

然而……膝下無子。這對女人心理產生的影響，可能比沒有找到一生摯愛更深刻。這就是為何當她去看醫生，抱怨身體某處疼痛不適時，醫生要她切除子宮的建議，對她的打擊深刻到她無法承受。永久喪失生殖的機會，在她身上爆發出深層、血淋淋、孤單的感受，這種感受對單身女子的影響不亞於已婚女性，這是女性深處像漣漪般擴散出來的渴望，無論她已婚還是未婚。若上帝有一天為她揀選一個丈夫，她知道自己將永遠無法幫他生育孩子。

她告訴我，單身生活並不好過，但是一直沒有孩子，出乎意料地更難受。然而，到了她手術之時，她已經讓上帝處理了許多痛苦與失落。有一天當她在醫院休養時，她聽見附近有嬰兒哭聲，奇妙的是，這甜蜜的哭聲沒有引發她的心碎與悲痛，反而促使她抓住這一刻，把它當作接受不孕與全心活在當下的機會，**降服而非對抗上帝所允許的狀況。**

當她這麼做時，一股巨大的自由湧上她全身。上帝用祂的平安與滿足，驚人地覆蓋環繞她，她知道上帝正對她說：「妳雖失去肉身的子宮，但我會給妳屬靈的子宮。」

大約六個月後，當她在教會開會時，她與一小群教會弟兄姐妹正在牧師的辦公室裡，熱切而誠心地為上帝的工作與子民禱告。在禱告中，一位智慧而敬虔的導師講的話呼應了她先前面對的景況，其實她對我阿姨幾個月前釋放與降服的狀況一無所知，她慈愛地將手放在她肩上，對她說出話語，超自然地確認上帝的帶領：「妳並非不孕。妳的子宮會孕育出新生命。妳還有生命要繁衍，還有傳承要留下，妳會有女兒，而且是許多的女兒。」

許多女兒。

也許妳會明白我路得阿姨的心痛。也許妳因為肉體的遺傳覺得受到欺騙，但如果妳仔細看看，**妳會看見**上帝正打開我親愛阿姨屬靈的雙眼，讓她看見屬靈的子孫、好多的女兒，等著被智慧、建言、鼓勵與恩惠所銘刻……還有被母愛所懷抱。

我們身為上帝聖靈的器皿並結出果子的女子，都受到呼召以留下屬神傳承，把祂恩典與真理的棒子，交接給下一位跑者，讓他們盡情跑向我們永遠也無法企及的距離與存在於未來的目標。這不是個選擇，這是天國賦予我們的責任。

若上帝在妳生命中的工作，從妳開始也從妳結束，豈非不夠公義？因為人的壽命根本不夠長、也不夠廣，以容納祂計畫的長闊高深，所以必須分給別人共同分擔，而無法一人獨攬。

產業必須傳承下去，而它也能夠傳承下去。

透過妳，傳給他們。

這實在是上帝產業的真義，不斷分享價值、標準、信仰、紀律、優先要務、經驗、學到的功課等，不僅傳承給妳家族的子孫，也傳給與妳同享基督血脈的後嗣。

勇氣挑戰

- 如果本章講述的景況與妳的經歷相同，妳覺得上帝正透過這篇內容要對妳說什麼？
- 妳能想到有哪位年輕女性，能從她與妳的師徒關係中受益？

心靈對話

- 如果本章情況與妳個人情況不盡相符，妳要如何使用它的真理，來鼓勵與挑戰妳生活中單身或沒有孩子的女性，讓她們也能投入建立傳承的責任？

創設紀念碑

這些石頭是什麼意思？（參閱約書亞記四章6節）

在其他任何地方，這些石頭很可能就只是石頭。這些灰色、平淡無趣的被造物，除了拿來固定野餐墊的四個角，或用來打開核桃之外，鮮少發揮實際用處。

但若把這些石頭放在約但河岸，表彰兩百萬名希伯來人在曠野遊蕩四十年的終結，走過旱地進入應許之地，一個他們終生等待看見、流著奶與蜜的地方，這些石頭就不再只是石頭，而是紀念碑。

這正是上帝對約書亞說話時的心意……

你從民中要揀選十二個人，每支派一人，吩咐他們說：「你們從這裡，從約但河中、祭司腳站定的地方，取十二塊石頭帶過去，放在你們今夜要住宿的地方。」

於是，約書亞將他從以色列人中所預備的那十二個人，

每支派一人，都召了來。

對他們說：「你們下約但河中，過到耶和華你們上帝的約櫃前頭，

按著以色列人十二支派的數目，每人取一塊石頭扛在肩上。

這些石頭在你們中間可以作為證據。」

「日後，你們的子孫問你們說：『這些石頭是什麼意思？』

你們就對他們說：『這是因為約但河的水在耶和華的約櫃前斷絕；

約櫃過約但河的時候，約但河的水就斷絕了。

這些石頭要作以色列人永遠的紀念。』」

（約書亞記四章2—7節）

石頭。就只是石頭。直到它們被聚在一起，策略性地受到紀念，有意地放在一處提醒人追思。

多數人可能將自己的年日歸類為一系列平凡、普通的經驗。這就是我們所做的，

我們就只是這樣，這就是從早到晚我們從某時點到上床睡覺之間做的事。但若作個定意要留下傳承的女子，她就會開始明白，這些時刻代表的意義，絕不只是日曆上的日期與慣常事件。它們是上帝不斷在她生命中進行的工作，它們代表與上帝同行的獨特與個人經歷，既普通自然，卻又意義重大。

它們也許只是星期一，但它們仍是紀念碑。

因此，今天我要求妳刻意聚集這些「石頭」，**記錄上帝在妳生命中成就的事。**這星期不要每隔一晚就把時間花在會減損永恆價值的事物上，而是只要花一天晚上的片刻，回到約但的時刻，進入妳經歷上帝的難忘時刻，並思想哪些真理可以幫助妳開始造就更多的傳承？

妳的傳承，需要一個腳本讓他人來繼承跟隨。妳與他們都需要有個特殊方式來好好紀念。

讓我先坦承，我並不是認真寫日記的人。上週我在日記上寫了些東西，那是我，呃，九個月以來第一次寫日誌。這樣哪算持之以恆？我一直都很仰慕那些會在床頭櫃第一個抽屜裡，擺著綁上美麗絲帶的皮革日記本，還每天都能準時拿出來寫日記的女性。她們流暢持續地記錄自己的每日經驗，而我也想要那樣，有一天我會成功。

即使我這部分沒有做得太好，但我非常感恩上帝讓我記錄自己生命中某些重要部分。因此，我在以下時刻才會記錄：

- 當我的心靈與頭腦對某件事有感動時。
- 當我達到某個里程碑時。
- 當上帝在我身上進行重要的改變工作時。
- 當我正遭遇一件自己知道會對未來產生重大影響的事時。

在許多方面而言，每一天的每件事都有其重要性，但只要我沒記錄下來，就很容易忘記。

因此，我很慶幸自己幾年來都有保持記錄事情的習慣，即使是一些零星事件，回顧起來也十分有趣。這讓我能回想起生命中的特定時節，精確地回憶起自己為何事禱告，並且更清楚明白上帝如何回應，一些更加造就我信心、給我鼓勵的事情。這就像是拿出一本相簿開始翻著，重新回想我多麼慶幸自己有機會捕捉到的那一刻，像是家族旅遊、生日、平安夜等重大時刻。

但有些事情只是在某個偶然的下午，記錄自己看見的、想要保有或珍視的景物。記錄上帝的工作，無論大大小小，都讓妳與他人走在記憶的路途中不斷受到激勵，因為在妳裡面的……是祂。

這也成了紀念碑。

因為往後必然會有一天，妳渴望留下活潑屬靈產業的人，會有興趣看見妳如何面對每個平日早晨的平常時刻，看見上帝的信實、保守與指引，如何交織在妳的道路，使妳道路的價值遠遠超越一個普通的時點。妳的孩子、妳的孫子、妳希望自己生命能影響的女性後輩，她們會很好奇上帝如何透過妳的成功與失敗、妳的巔峰與最大的失敗來行動與工作，將它們會同妳的合作，包覆在祂統管一切的恩典，用墨水緘封在這些頁數上。

這是好的讀物，這是在創造傳承。

我發現這極為寶貴，我為每個孩子都創造一本記事本。有時當我看見上帝運行在他們的生命中，或我注意到他們在某些領域達到成熟的新境界時，我就會打開他們的小本子，記錄這些經驗。即使我只想到要在他們的生日或一年一次才記錄，但我的目標是在他們夠大時，把這些日誌送給他們，讓他們能以父母的角度回顧自己的靈性成長與發展，讓他們的妻子兒女，以及我的孫子們覺得精彩無價，甚至是捧腹大笑。這是種產業，不斷向前滾動，一代連結一代，榮耀歸與上帝。

如果妳因為對寫作毫無興趣而不想理會我的建議，讓我再次聲明，我絕對可以理解，因為我的父親就是如此。有一年聖誕節，我們花了好大功夫選了本記事本送給他，還選了本皮革封面的，既豪華又性格，而且還很貴，但我們覺得這錢絕對會花得值得。我們希望這能代代相傳，就在筆記本上刻了他的名字，煞有其事地以隆重的方式送給他，相信他會很得意地把它擺在桌上，只要想到能流傳給孩子的事情，就寫下來好流芳百世，這樣我們就能擁有他生活中一切重要時刻的紀錄。

那是五年前的事，而如今那本記事本還在他桌上。

還是空白的。

我要說的是，我不是真要妳下定決心寫日誌。我知道紙筆的方式不適用於所有人，但我希望妳**找出自己的方式儲存產業，立下紀念碑**。

顯然妳活出的生活要比妳寫下的更重要，妳實際而持續地回應基督的主權，遠比妳做下紀錄更實際、更具重要性。但身為下定決心的女子，妳對人們有責任，這不僅僅是妳喜不喜歡做一件事情，而是關於優先順序、目標、承諾。

妳可以使用錄音筆，製作自己的數位聲音剪輯，或使用錄影機記錄，整理年度相本，或製作妳讀經與禱告安靜時間的筆記，以能在妳離世許久之後好留給所愛的人。

有一年，我姊姊發現自己太忙沒時間持續寫日誌，因此她找回自己在推特帳號與臉書的發文，印出她所有的紀錄，留下文字紀錄讓她完整留存過去自己的思緒與發生的事情。

只要找到妳喜愛、方便的方式實行即可，讓妳的孩子或孫子去看見、聽見與感受，那些上帝帶領妳與他們的精彩時刻，那就是曠世鉅作。

妳的天父每天都做新事，祂都在陶冶塑造妳，指引精煉妳，祂會轉動繪製潤飾妳的稜角，每一天都如此。雖然每一天在妳眼裡看似相同平凡，但這就是妳的傳承，那都是妳周遭發生的事情，妳的內在想法，妳與那獨一真神的活潑情感，那是妳渴望人們也能更深、更廣認識的上帝。那一天將會比妳想像中的還快到來，當他們來到妳跟前想要知道：「這些石頭是什麼意思」時，妳要確保妳有些實質的紀念給他們看，而不是只用說的。

妳的故事值得一讀再讀，流傳下去，無論妳是否知道，**上帝都正在妳裡面行奇妙的工作**，那些妳不想隱藏或輕看的，人們不應重蹈覆轍的，將會幫助他們在屬靈上大幅成長，能夠活出卓越生命的事。

這就是**女人留下傳承的力量。妳的傳承。**

立下石頭，在上面刻下紀念。

勇氣挑戰

• 最後一項決心，是所有決心裡的重頭戲，這份決心的首要目標，就是幫助並支持妳留下能引以自豪的傳承。在我們的旅途接近尾聲之時，我要妳使用這最後的經歷，作為連接我們一路所學與承諾的機會，這不僅是立志成為更好的人，而是關乎活出比自我更偉大、人類有限一生無法容納的生命。這是責任也是喜樂，大量投注心力服事他人的責任，目睹上帝使用我們最小的天賦，轉化為永恆財富的喜樂。無論上帝以何種方式帶領妳實行，祂都會賜妳驚人的恩典與力量來成就。當妳下定這份決心，要明白自己正在創造永恆的影響，妳對這十三項決心的承諾，將會影響未來的世世代代。

妳，擁有偉大決心的女子，正在建立天國的基業。

留下屬靈傳承

我定意要審慎思量未來將產生的影響，來作出每個決定。
我定意要顧及將會受我影響的人，並依此謹慎思考當下的所有選擇。

實證者簽名 ____________

我的立志宣言

我定意要在上帝面前，鄭重地下定決心，好好擁抱生命當下時節；並要知足常樂。

我定意要擁護合神心意的女性氣質，並將此真理教導給我的兒女。

我定意要慶賀自己擁有上帝所賜與的獨特特質；也要為著別人身上的獨特而歡呼。

我定意要回應上帝，對祂的話語忠心委身。

我定意要全心全力完成上帝託付予我的主要角色。

我定意要快快地聽、慢慢地說，尊重他人勝過我自己。

我定意要饒恕得罪我的人，並與我所得罪的人和好。

我拒絕容忍邪惡勢力對我自己與家庭產生影響，並定意要活出聖潔生活。

我定意要行公義，好憐憫，對人彰顯恩慈。

我定意要對丈夫忠誠，用行動和言語尊榮他，好使我能榮耀主的名；並要成為他的合適伴侶，幫助他實現上帝恩賜的潛能。

我定意要教導兒女愛上帝，尊重權柄，活出負責的生活。

我定意要滋養和睦的家庭，使家人感受到上帝的同在。

我定意要心懷未來作下今日的每個決定。我會審慎思量目前的選擇，對未來世代有什麼影響。

我定意要勇敢地與上帝賜予的力量同工；並要用我的餘生實現這些決心，歸榮耀與上帝！

……至於我和我家，我們必定事奉耶和華。（約書亞記廿四章15節）

當女人真好

原　　著／普莉希拉・施瑞爾
譯　　者／程佩然
發 行 人／黃敏華
出版發行／保羅文化出版有限公司
地　　址／22067新北市板橋區三民路一段122號13F
電　　話／(02)2964-6969
傳　　真／(02)2953-3629
電子信箱／paulpc01@ms79.hinet.net
網　　址／http://www.paulpublishing.url.tw
劃撥帳號／50082465 保羅文化出版有限公司

出版日期／2014年6月第一版第一次印行

Published by B & H Publishing Group, Nashville, Tennessee, USA.
www.BHPublishingGroup.com

再版年度	23	22	21	20	19	18	17	16	15	14
再版刷次	10	09	08	07	06	05	04	03	02	01

國家圖書館預行編目資料

當女人真好 / 普莉希拉・施瑞爾(Priscilla Shirer)著;
程珮然譯.── 第一版. ── 新北市：保羅文化,
2014.06
面；　公分
譯自：The resolution for women
ISBN 978-986-6202-22-3（平裝）

1.基督徒 2.女性 3.生活指導

244.99　　103010737

本書如有缺頁或裝訂錯誤，請寄回本公司更換。